CONVERSACIONES SOBRE EL BILINGÜISMO

Conversaciones con Ellen Bialystok, François Grosjean, Ana Inés Ansaldo, Ofelia García, Christine Hélot y Mbacké Diagne

Fabrice Jaumont

Traducido por Renata Somar

TBR Books
Nueva York – París

TBR Books es un programa del Center for the Advancement of Languages, Education and Communities. Publicamos el trabajo de investigadores y profesionales cuyo objetivo es involucrar a las diversas comunidades en temas relacionados con la educación, los idiomas, la historia cultural y las iniciativas sociales.

CALEC - TBR Books
750 Lexington Avenue, 9th floor
New York, NY 10022
USA
www.calec.org | contact@calec.org
www.tbr-books.org | contact@tbr-books.org

Ilustración: Raymond Verdaguer
Portada: Nathalie Charles

ISBN 978-1-63607-432-0   (tapa dura)
ISBN 978-1-63607-430-6   (rústica)
ISBN 978-1-63607-431-3   (libro electrónico)

Índice

Agradecimientos

Quisiera expresar mi aprecio por todas las personas que me animaron y participaron en este libro. Un agradecimiento muy profundo a Ellen Bialystok, François Grosjean, Ana Inés Ansaldo, Ofelia García, Christine Hélot y Mbacké Diagne.

Asimismo, quisiera agradecer a la Mesa directiva de CALEC, a los miembros del Consejo y a todas las personas alrededor del mundo que han creído en TBR Books, el programa editorial de CALEC.

Por último, quisiera agradecer a Renata Somar por su increíble talento y perseverancia al editar mis numerosos manuscritos y traducir este libro, y a Gabrielle Amar-Ouimet y Julie Hallac por la ayuda que brindaron para las distintas transcripciones y traducciones. Una vez más, quisiera expresar un agradecimiento especial a Raymond Verdaguer por haberme obsequiado la magnífica ilustración de la portada del libro. Me gustaría expresar también mi gratitud a mi esposa, Nathalie, y a mis hijas, Cléa y Félicie, por imbuirme el ánimo y la fuerza para finalizar este proyecto.

Fabrice Jaumont

Introducción

Valenciennes es una pintoresca ciudad en el norte de Francia, se ubica a diez kilómetros de la frontera con Bélgica y a menos de trescientos kilómetros de cinco capitales europeas: París, Bruselas, Ámsterdam, Londres y Luxemburgo. Su cercanía con estos epicentros culturales hace de ella un lugar sumamente rico en el aspecto artístico y una especie de intersección. En el pasado fue una ciudad de pintores y, actualmente, un paseo por el centro de la ciudad les permite a los visitantes acercarse a la gran cantidad de museos y esculturas que forman parte de la vida cotidiana de la comunidad. Resulta obvio por qué en el siglo dieciocho llegó a ser conocida como la Atenas del Norte (*L'Athènes du Nord*). Estoy seguro de que, para este momento, ya te estarás preguntando por qué he relatado todo esto respecto a Valenciennes al principio de un libro de conversaciones sobre el bilingüismo. A eso deberé responder que ahí fue donde comenzó todo. Tuve la suerte de nacer y pasar algunos años en el lugar que acabo de describir, y luego, las cosas se pusieron aún mejor, cuando tuve el privilegio de vivir en más lugares maravillosos.

Debido al empleo de mi padre, cuando fui niño tuvimos que mudarnos varias veces. Cada dos años llegábamos a un sitio distinto, comenzábamos el período escolar en otra escuela, conocíamos gente nueva y aprendíamos sobre nuestro entorno. A veces nos mudábamos a lugares en la misma región, Hauts-de-France, pero en otras ocasiones íbamos más allá. Por un tiempo también vivimos en París. Supongo que todo esto tuvo que ver con que, a muy temprana edad, yo desarrollara un interés por otras culturas y un profundo deseo de viajar. Cuando era bastante joven, dicho interés me condujo a estudiar una maestría en Enseñanza del inglés como lengua extranjera (English as a Foreign Language, EFL) en la Universidad de Normandía, y mi deseo de visitar otras tierras me llevó a embarcarme en un encantador y gratificante viaje que no ha terminado aún. En Irlanda, mi primera práctica como profesor me permitió imbuirme en un universo bilingüe y conocer la sensación de vivir en una cultura en verdad distinta. Dos años después, sin embargo, percibí un futuro más intenso en la lejanía, cruzando el Atlántico. Por eso aproveché una oportunidad y me reubiqué al otro lado del charco. En 1997 llegué a Boston y, como casi todos los jóvenes recién graduados, me sentía listo para conquistar el mundo.

Qué inocente fui. Nunca imaginé que sucedería justo lo contrario, que el mundo *me conquistaría a mí*. Permíteme explicarte. Sin importar cuán abarcadores sean, los estudios de lengua y ciencias sociales en Europa no pueden prepararte lo suficiente para la riqueza, la complejidad y la multiculturalidad de América. Y, por cierto, cuando digo América, me refiero a *todas* las Américas: la del norte, la del centro y la del sur. A pesar de que mi aventura americana empezó en una ciudad en el noreste de Estados Unidos, distintos proyectos que se han presentado a lo largo de los años me han permitido aprender más sobre otros países en el centro y el sur del hemisferio, y, hace poco, la experiencia incluso se extendió a Argentina. Al arribar a Boston sabía que acababa de llegar al país con la población anglófona más extensa del mundo y, sin embargo, de todas maneras escuchaba a gente hablar muchos otros idiomas y lenguas. Eso encendió mi imaginación. De inmediato surgió en mí un interés por visitar lugares, reunirme con diversas personas, compartir ideas, realizar proyectos y, por supuesto, sostener prolongadas conversaciones en más de un idioma y en la mayor cantidad posible. Ahora permíteme contarte con detalle cómo llegué aquí y explicar la manera en que las lenguas, los lugares y la gente se mezclaron y dieron paso a la Revolución bilingüe.

En ese tiempo, una de las maneras en que un ciudadano francés podía cumplir con el Servicio militar era trabajando para el gobierno francés en el extranjero. A esto ahora se le llama *Service civil*. Así fue como obtuve mi primer empleo en el consulado francés en Estados Unidos y fungí como Agregado lingüístico. Mi misión sería promover la lengua francesa.

Ese empleo me colocó en un sendero que me permitiría combinar desde el principio la educación y las lenguas con un enfoque internacional, lo cual me parecía muy emocionante. Lo que más me importaba, sin embargo, era que tendría la oportunidad de trabajar y hablar con mucha gente, es decir, tener un intercambio cultural extenso. Tras dos años de trabajar para el Consulado, sentí que estaba listo para comenzar una carrera en un área un poco distinta de la educación y así fue como me convertí en director de una escuela bilingüe. Estaba a cargo de las divisiones *collège* y *lycée*, donde tuve la oportunidad de conocer a maravillosos maestros y empezar a comprender las dificultades que enfrentaban las familias bilingües. En 2001, cuando me mudé a la ciudad de Nueva York, noté que no había muchas opciones institucionales ni formales para aprender el francés, en especial para los niños. De hecho, excepto por algunas escuelas privadas como el Liceo francés en el caso de mi *langue maternelle*, el acceso a la educación bilingüe era muy complicado para *todos* los idiomas y lenguas. Aunque yo no había previsto desarrollar una carrera en el área de la diplomacia, gracias al tiempo que pasé en el Consulado de Boston, la Embajada Francesa en Estados Unidos me contactó y contrató como Asesor de Cooperación educativa en los niveles secundario y superior. Esto incluía el desarrollo de colaboraciones académicas entre la embajada y las escuelas en Estados Unidos.

Mi puesto implicaba la promoción del francés y ayudar a los profesores, por lo que podría decir que los objetivos eran claros y estaban bien definidos. Todo iba bien, pero no pasó mucho tiempo antes de que notara que nadie les prestaba atención a los padres a pesar de que formulaban preguntas muy pertinentes y estaban tratando de encontrar información y soluciones para proveerles a sus hijos la mejor educación bilingüe posible.

Muchos de esos padres no podían inscribir a sus niños en escuelas bilingües como deseaban porque estas eran demasiado costosas o se encontraban muy lejos de donde vivían. Por esta razón, me reuní con algunos, les hice varias preguntas, investigué un poco, y así dio inicio una larga y estimulante conversación.

Una de las primeras cosas que hicimos para responder a las sugerencias de los padres fue considerar que las escuelas públicas podrían ser una opción para establecer programas bilingües. Esto fue un verdadero parteaguas. Algunos padres ya estaban enterados de que, con base en la lengua materna de sus hijos y/o en cuántos estudiantes hablaban la misma lengua o idioma en cada grupo escolar, desde la década de los setenta las leyes en Estados Unidos permitían a las familias solicitar la apertura de programas específicos en las escuelas. Los padres de inmediato quisieron aprovechar esto. El primer grupo de padres estaba en busca de nuevas posibilidades: algunos querían establecer programas para después de clases que les ayudaran a sus hijos a estudiar su lengua materna y otros estaban interesados en los programas duales de lengua.

En Nueva York ya había algunos de estos programas en español y chino, pero ninguno en francés, por eso el equipo de la embajada empezó a organizar a los padres y a tratar de convencer a las autoridades escolares de que había suficiente demanda y apoyo para el establecimiento de un programa dual de lengua. Después de que logramos que se instaurara un primer programa en una escuela, recibimos una gran atención mediática que no nos esperábamos. Luego solicitamos la creación de otros programas y eso atrajo aún más atención. Quizás el resultado más importante de aquella primera racha de publicidad fue que otros grupos lingüísticos se interesaron en lo que estábamos haciendo. Así pues, me reuní con grupos de padres rusos, luego japoneses, italianos, griegos… y todos me preguntaban lo mismo: ¿Cómo podemos reproducir este logro para nuestra comunidad? ¿Cuál es la receta? Yo no cabía en mí de felicidad.

Las primeras reuniones con los padres se realizaron en 2005 y 2006, y las primeras clases empezaron a ofrecerse en 2007. Para ese momento, me había convertido en enlace, coordinador, defensor de las lenguas, en un soldado más de una cruzada de una envergadura inesperada, cuya fuerza esencial eran los padres. Esa fue la verdadera génesis de la Revolución bilingüe, un concepto que, como verás para cuando llegues al final de este libro, más tarde conduciría a muchos logros y enriquecedoras lecciones.

En esa temprana etapa también comprendí un hecho innegable que tiempo después sería un gran desafío: teníamos una gran oportunidad de lograrlo, de fundar programas con los niños y los padres de todos los orígenes y antecedentes lingüísticos. El programa francés, sin embargo, continuaría siendo la insignia de todos nuestros esfuerzos e iniciativas y, quizás, el paradigma que tendríamos que seguir imitando.

Seguí trabajando de cerca con los padres y avanzamos en varios frentes, pero en algún momento, me pregunté a mí mismo: *¿Quién soy yo para tratar de responder a sus preguntas? Y, ¿cómo lo hago? ¿Quién podría brindarnos la información más confiable?* Esta reflexión me condujo a una nueva etapa en mi vida. Poco a poco me convertí en facilitador, en alguien capaz de dar inicio a proyectos, encontrar recursos, identificar lo que necesitaban las familias, presentar a los padres con los maestros y *viceversa*, y reunirme con expertos para pedirles que hablaran con los padres y les explicaran los misterios del bilingüismo y el multilingüismo en términos simples. Con el paso de los años, este involucramiento multifacético con los padres, maestros, niños y expertos me ha permitido entender, un poco más cada día, esta capacidad de hablar dos o más lenguas o idiomas. Ahora me gustaría compartir contigo lo que he aprendido.

El bilingüismo es una habilidad esencial respecto a la que algunas personas te animan, otras te desalientan y, algunas más, incluso se oponen por razones que exploraremos más adelante en el libro. También es un fenómeno complejo que mucha gente malinterpreta, en especial porque en los medios de comunicación hay una cantidad abrumadora de información y artículos exagerados, simplistas o engañosos. Hay una verdadera falta de información confiable, lo cual resulta perjudicial para quienes desean explorar este campo para sí mismos o para sus niños. A lo largo de varios años, este apasionante tema ha dado origen a muchas preguntas en las áreas de la educación, la psicología, la lingüística y la sociología. También surge en las conversaciones cotidianas que los padres sostienen en la fiesta de cumpleaños de alguien, la práctica de soccer, las reuniones de las asociaciones de padres y en los muchos foros de lenguas e idiomas en Internet. Hay una miríada de preguntas respecto a los individuos bilingües y multilingües, y créeme: son preguntas de todo tipo. Algunas son técnicas, otras científicas, otras son sobre situaciones académicas específicas, y hay otras más que podrían parecer muy simples y realistas, pero requieren de respuestas elaboradas. A pesar de todo esto, todas son pertinentes.

Por ejemplo, ¿quién es bilingüe, para empezar? ¿Cómo influye la conservación de una lengua en la conservación de la cultura? ¿El bilingüismo puede convertirse en un riesgo para el desarrollo de las habilidades lingüísticas convencionales en los niños? ¿Qué pasa si mis hijos se ven expuestos a cuatro idiomas? ¿Los niños y los adultos bilingües tienen «superpoderes»? En el caso de las parejas biculturales, ¿cada padre debería hablarle a su hijo en *su* idioma? ¿Los bilingües son más inteligentes que los monolingües? ¿Los individuos multilingües son más inteligentes que los bilingües? ¿Hablar dos idiomas ofrece ventajas para aprender a leer, escribir y practicar las matemáticas? ¿En qué idioma sueña la gente bilingüe? ¿En qué idioma sueña la gente multilingüe? ¿Debería hablarle a mi hijo o hija en un idioma o lengua que yo no hablo con fluidez? ¿Qué sistemas se han implementado para apoyar a la educación bilingüe? ¿Son eficaces? ¿Cómo eligen los bilingües qué idioma usar? ¿Los individuos bilingües son mejores que otras personas? ¿Por qué los bilingües mezclan las palabras de los idiomas que hablan?

En este libro presentaré una serie de conversaciones que tuve con pensadores y expertos que se desempeñan en distintos ámbitos, pero cuyo trabajo y áreas de interés convergen en el tema del bilingüismo y el multilingüismo. A estos expertos los conocí en situaciones que tendré el gusto de explicar a lo largo de los distintos capítulos. En el tiempo que pasamos juntos, trataron de responder las preguntas que ya mencioné y muchas más. Las preguntas las hicieron padres, educadores y el público en general que asistió a eventos organizados por la Embajada de Francia, el sitio de noticias en línea *French Morning*, el Center for the Advancement of Languages, Education, and Communities (CALEC), y otros. Los profesionales participantes comparten las mismas creencias respecto a la necesidad de desarrollar la habilidad del bilingüismo de una manera más amplia. En nuestros eventos les han ofrecido a los padres de familia sugerencias para criar a niños bilingües o multilingües de forma eficaz y ayudarlos a mantener esta habilidad más adelante en su vida. A lo largo de las conversaciones notarás el deseo de ir más allá de las nociones preconcebidas y aclarar los conocimientos existentes. También verás que los expertos tratan de explicar de manera accesible las sutilezas y los aspectos científicos de los beneficios de hablar dos o más lenguas. Durante nuestras conversaciones explicaron sus contribuciones en detalle, y ahora tú tendrás la oportunidad de leer todo al respecto. ¿Pero quiénes son *ellas y ellos*?

Ellen Bialystok, François Grosjean, Ana Inés Ansaldo, Ofelia García, Christine Hélot y Mbacké Diagne tienen carreras impresionantes en las áreas de la psicología, la neurociencia, la enseñanza de idiomas y la sociología. Asimismo, cuentan con el apoyo de prestigiosas instituciones para sus respectivos trabajos. Cada uno ha analizado el impacto de hablar más de una lengua desde el punto de vista de su disciplina académica, pero también a través de la lente de su experiencia personal y su contexto, así como de su trasfondo nacional respectivo.

Esta es una de las razones por las que el rango de estudios, las experiencias personales y las historias que se presentan a continuación cuestionan las ideas equivocadas respecto a hablar más de una lengua o idioma. Sobra decir que el tipo de experiencia individual que encontrarás en los siguientes capítulos genera perspectivas particulares que se intersecan y mejoran entre sí. Al establecer nuevas maneras de pensar respecto al bilingüismo, algunos de estos expertos incluso han desarrollado nuevos conceptos y creado términos originales que podrían ayudar a los educadores y a los individuos bilingües a comprender mejor y a modificar ciertas ideas.

¿Por qué son importantes las conversaciones sobre el bilingüismo?

Al leer estas conversaciones notarás, por ejemplo, que la pregunta sobre quién es realmente bilingüe surge con frecuencia, así que, hablemos un poco sobre este tema.

Como lo mencioné antes, el bilingüismo es una habilidad muy malinterpretada. En tiempos recientes, sin embargo, la simple noción de que un individuo sea capaz de usar dos lenguas o idiomas de manera competente en la vida cotidiana se ha convertido en la definición básica entre mucha gente. Por esta razón, a quienes pueden usar varias lenguas se les llama multilingües. La identidad bilingüe se puede desarrollar a través de distintos procesos y experiencias en la infancia o más tarde en la vida. Un niño puede ser bilingüe porque su familia habla en casa un idioma distinto al que se usa en la comunidad y, por lo tanto, crece usando ambos. Estos niños podrán aumentar sus conocimientos y practicar ambas lenguas si los inscriben en un programa bilingüe en su escuela. Otros niños se vuelven bilingües porque en la escuela les brindan educación bilingüe, pero no tienen vínculos familiares con gente que hable la segunda lengua que aprendieron. Otros se mantienen monolingües, adquieren un conocimiento sólido de su lengua materna y se vuelven bilingües cuando son adultos porque tienen una experiencia de aprendizaje en su país o porque se mudan al extranjero y necesitan aprender un nuevo idioma para desempeñar su trabajo o para su vida cotidiana.

Aunque las experiencias del bilingüismo son sumamente variadas y diversas, en este libro nos enfocaremos en los niños que se vuelven bilingües o multilingües a una edad temprana, sin tomar en cuenta la manera en que adquirieron la segunda, tercera o cualquier otra lengua. Nos interesaremos de manera especial en los individuos bilingües como base para una mejor comprensión de la vida de la gente que usa más de una lengua o idioma con su familia, en la escuela o el trabajo. Por último, creo que, como a mí me sucedió, muchos lectores descubrirán que el bilingüismo y el multilingüismo son mucho más comunes de lo que uno podría pensar. Y, lo más importante, que los bilingües son comunicadores de un tipo muy peculiar.

François Grosjean, uno de nuestros expertos, dice que, más allá de ser una habilidad lingüística, el bilingüismo constituye una identidad en sí misma. Si me lo permites, yo añadiría que esta identidad, con toda su riqueza, cada día se disemina más y es más valorada. Yo soy francés, pero he hablado inglés a lo largo de veinte años. Esto se debe a que vivo en Nueva York, una de las ciudades más multiculturales del mundo, un lugar que ha tenido un influjo masivo de inmigrantes durante más de un siglo. Mi identidad bilingüe me ha permitido entender distintas perspectivas en una sociedad cada más diversa. La habilidad de explorar una cultura a través de su lengua o de hablar con alguien con quien jamás te habrías podido comunicar de otra manera es uno de los beneficios más valiosos del bilingüismo en el sentido social.

Como padre y educador, pienso que el beneficio esencial del bilingüismo para un niño o niña es el desarrollo de un carácter más comprensivo y tolerante. Los niños que crecen con una identidad bilingüe respetan más las lenguas y pueden integrarse con mayor facilidad a la sociedad global. Esta es una realidad por la que abogan las Naciones Unidas. Al final del libro encontrarás las prioridades de *Global Education First* dirigidas por el secretario general de Naciones Unidas.

Por todo lo anterior, no resulta sorprendente que la gente esté interesada cada día más en ser bilingüe o hablar varios idiomas. Las investigaciones científicas han demostrado que el bilingüismo se relaciona con conceptos que, a pesar de no ser comprendidos de manera inmediata o total por el público en general, implican ventajas profundas y perdurables. Estoy seguro de que te sorprenderás mucho, tanto como a mí me sucedió cuando me enteré de que los individuos bilingües poseían una mayor conciencia metalingüística. Tras hablar con los expertos aprendí lo que esto significa: tener la habilidad de reconocer la lengua como un sistema susceptible de ser manipulado y explorado.

Otros conceptos son más fáciles de comprender, como el hecho de que hablar más de una lengua se relaciona con tener mejor memoria, el desarrollo de habilidades visual-espaciales más avanzadas, e incluso ser más creativo, aunque solo hasta cierto punto. Los científicos han observado un sentido de la creatividad más acentuado que se vincula de forma particular con el concepto del «razonamiento divergente», en especial en los niños. Esto significa que los bilingües somos capaces de generar soluciones más inventivas y espontáneas a los problemas. El trabajo de Sir Kenneth Robinson, asesor educativo y autor de *Out of Our Minds: Learning to Be Creative* (Capstone, 2001), ofrece una explicación muy valiosa sobre el razonamiento divergente.

Como veremos a lo largo de este libro gracias a las explicaciones de los expertos, aprender otra lengua o idioma de manera específica, o aprender *cualquier cosa* en una lengua que no es la propia, te insta a resolver problemas y tomar decisiones de manera constante: dos actividades que benefician al cerebro de muchas maneras. Un niño bilingüe no solo será más hábil para aprender idiomas: también sabrá *aprender* mejor de manera general. Los niños que participan en programas bilingües tienen mejores resultados en los exámenes estandarizados que los estudiantes de programas monolingües de la misma escuela, y no solo en las materias de inglés y arte. Ser bilingüe los hace mejores en matemáticas porque están entrenados para resolver problemas todo el tiempo. En suma, los desarrollos cognitivos relacionados derivados de volverse bilingüe o multilingüe son tantos que deberían ofrecérseles a los niños desde la edad más temprana posible.

También existe la noción bastante propagada de que los beneficios del bilingüismo se extienden más allá del ámbito del lenguaje y que las ventajas cognitivas y neurológicas tienen un efecto en las habilidades que usamos en todas las áreas de nuestra vida. Esto significa que los beneficios cognitivos nutren a los sociales. Los individuos bilingües suelen mostrar una inteligencia emocional mayor, tienen una conciencia más profunda de sí mismos y de quienes los rodean, así como una mayor intuición para comprender las perspectivas de otras personas. Su capacidad de entender el mismo suceso o idea desde un punto de vista distinto les ayuda a desarrollar relaciones más profundas y les facilita interactuar con gente de distintos orígenes, ya sea que vengan de sociedades similares o países lejanos.

La gente que habla dos o más lenguas suele tener nuevas maneras de resolver problemas, así como la habilidad de entender y tomar en cuenta distintas posturas y visiones. Esto explica por qué el bilingüismo y el multilingüismo estimulan la tolerancia, la paz y la justicia social.

Asimismo, las lenguas pueden enriquecer el conocimiento social y cultural. Ser bilingüe abre oportunidades para interactuar con miembros de las comunidades locales que no pueden expresarse con facilidad en la lengua o idioma dominante en su sociedad. Formar parte de un grupo de patrimonio cultural debería estimular la noción de pertenencia, el orgullo y la identidad. El patrimonio y la herencia no deberían ser vistos como algo del pasado, sino como la esencia del crecimiento y la posibilidad. Cuando los niños tienen la oportunidad de participar en un programa que permite la práctica y el aprendizaje en su lengua materna, no solo conservan su patrimonio cultural, también desarrollan sus habilidades e identidad en el marco de la estructura de la lengua dominante.

En los casos en que la segunda o tercera lengua forma parte del patrimonio del hablante, el bilingüismo permite un nivel distinto de comprensión de los orígenes familiares, la cultura y la identidad personal. Lo más importante es que puede tener un impacto sobre varias generaciones. Por desgracia, muchas familias que no hablan inglés y vienen a Estados Unidos pierden su lengua original al llegar a la segunda generación. Esto significa que los niños ya no se pueden comunicar con sus abuelos y, en algunos casos, ni siquiera pueden hablar de manera adecuada con sus padres. El bilingüismo ayuda a crear un puente que evita el vacío intergeneracional que surge tras la migración y es una manera de preservar los complejos e íntimos detalles que forman parte de la fibra esencial e interior de una familia.

A pesar de todas las ventajas mencionadas y del hecho de que en años recientes la educación en dos lenguas o idiomas haya resurgido en Estados Unidos como un método importante de enseñanza para zanjar la brecha de logro y abrir nuevos horizontes para las generaciones futuras, todavía hay una gran división entre quienes consideran que la educación bilingüe es una solución para que los jóvenes de este país sean más multilingües y quienes solo la ven como una manera correctiva de enseñarles inglés a los niños inmigrantes.

De hecho, hay gente que se opone de manera abierta y sigue tratando de imponer un punto de vista monolingüe. De acuerdo con algunos detractores, las ventajas bilingües no existen o se restringen a circunstancias muy específicas e indeterminables. A pesar de los múltiples beneficios de hablar más de una lengua o idioma, los expertos continúan luchando para hacerse escuchar por encima de los mitos y los estereotipos enraizados en el inconsciente colectivo de nuestra sociedad. Algunos de estos mitos han dado lugar a prejuicios que entorpecen el avance del bilingüismo y es por ello que deben ser eliminados.

Uno de estos prejuicios se relaciona con la imposibilidad de dominar la lengua u idioma predominante. En Estados Unidos, los padres inmigrantes en particular tienen miedo de la educación bilingüe porque creen que, si les enseñan más de una lengua a sus hijos, estos no desarrollarán las habilidades necesarias para dominar el inglés. Otro de los prejuicios tiene que ver con la identidad cultural de los bilingües y, para ser más específicos, de los niños de las familias inmigrantes. Algunos dicen que las lenguas heredadas provocan división y socavan la cohesión social porque creen que el patrimonio cultural de los padres o las comunidades impide que los niños bilingües se integren a la sociedad donde crecen y que esto los disuade de adaptarse a la cultura local.

Muy a menudo, los padres también temen que sus hijos se confundan si tratan de aprender demasiado pronto varias lenguas, o que estar expuestos a más de una tenga un impacto en su capacidad para aprender cosas de otros ámbitos más adelante. En la mayoría de los casos, esto se debe a que, aunque es común que los niños bilingües pasen de una a otra de sus lenguas mientras hablan, fenómeno al que los expertos llaman *code switching*, o cambio de código en español, algunas personas creen que se trata de una legítima confusión. Un niño que crece en un entorno en el que se habla el mandarín y el inglés podría empezar una frase en mandarín, añadir dos palabras en inglés y luego continuar en mandarín, ¿significa esto que está confundido?

Hace casi veinte años, un grupo de investigadores de Montreal decidió estudiar este fenómeno y descubrió que en la mayoría de los casos los niños bilingües estaban aplicando una estrategia muy astuta: aprovechar todos los recursos lingüísticos de los que disponían para expresar sus ideas de la mejor manera posible. También es importante recordar que, de acuerdo con las etapas de su desarrollo lingüístico, incluso los niños monolingües mezclan las palabras y sus significados. Por todo lo anterior, que nuestros hijos apliquen el *code switching* no debería preocuparnos. Por otra parte, los adolescentes y los adultos bilingües son muy buenos para aplicar esta técnica y pueden adaptar el uso de su lengua a su ambiente sin tener que pensarlo de manera consciente.

Otra de las preocupaciones de los padres respecto al bilingüismo o el multilingüismo puede surgir cuando una familia inmigrante quiere que sus hijos se integren sin problemas a su nueva comunidad. Por desgracia, muchos padres cuya lengua materna no es el inglés eligen hablarles solo en esta lengua a sus hijos porque cuando ellos fueron niños enfrentaron adversidad o discriminación por hablar inglés con acento o cometer errores gramaticales.

Para protegerlos de la discriminación, y con tal de que sus hijos hablen un inglés inmaculado y sin acento, los padres harían cualquier cosa. Las investigaciones demuestran, sin embargo, que es preferible que les hablen a sus niños en su lengua materna en lugar de en un inglés deficiente. Los niños deben tener una base lingüística sólida y eso solo se puede lograr si se ven expuestos a su lengua materna en sus primeros años de vida. Al entrar a la escuela, sus maestros aprovecharán estos cimientos lingüísticos para desarrollar más sus habilidades en todas las materias, no solo en las relacionadas con el lenguaje.

Como lo mencioné antes, las conversaciones en este libro tuvieron lugar en los últimos cinco años como parte de una serie de eventos públicos en Nueva York y grabaciones sobre el tema, o como parte de las iniciativas de la Revolución bilingüe. En todos los casos, las experiencias fueron muy gratificantes.

Se ha producido una gran cantidad de material que está a disposición del público, en especial en forma de *podcasts* y videos que se podrán encontrar al final del libro o en nuestro sitio de Internet: **calec.org**. Algunas de las conversaciones contaron con una sesión de respuestas y preguntas con maestros bilingües, parejas y familias deseosas de explorar temas esenciales como la identidad y la educación, así como los problemas que enfrentan respecto a su bilingüismo/multilingüismo o su identidad multicultural.

En este libro encontrarás una versión hasta cierto punto editada de estas conversaciones, ya que hemos querido que la información sea accesible y disfrutable para los lectores.

Háblales a tus amigos de *Conversaciones sobre el bilingüismo*, te puedo asegurar que las experiencias aquí compartidas beneficiarán a los lectores, sin importar si son padres de familia, maestros, autoridades escolares o gente en posición de tomar decisiones. Este libro les ayudará a mejorar y desarrollar la educación bilingüe en sus comunidades. Ahora, por favor acompáñame mientras hablo con los expertos sobre este tema tan cercano a nuestro corazón.

Dos conversaciones con Ellen Bialystok

Ellen Bialystok es profesora emérita de investigación en psicología, es titular de la Cátedra Walter Gordon de Investigación en desarrollo cognitivo de vida de la Universidad de York e Investigadora asociada del Instituto de Investigación Rotman del Centro de cuidado geriátrico de Baycrest. Entre los reconocimientos que ha recibido se encuentran el Premio Hebb de la Canadian Society for Brain Behavior and Cognitive Science (2011), el Premio Killam de ciencias sociales (2010), el premio al mérito en la investigación de la Universidad de York (2009), el premio Donald T. Stuss del Baycrest Geriatric Center (2005), el premio Dean por investigación sobresaliente (2002), la Beca de investigación Killam (2001) y la beca de investigación Walter Gordon (1999). En 2016 fue nombrada Oficial de la Orden de Canadá y en 2017 recibió un doctorado honorario de la Universidad de Oslo por sus contribuciones a la investigación.

La doctora Bialystok utiliza en sus investigaciones métodos comportamentales y de neuroimagen para examinar el efecto del bilingüismo en los procesos cognitivos a lo largo de la vida. Sus descubrimientos más famosos se enfocan en las habilidades cognitivas de los niños bilingües y la identificación de las diferencias entre los procesos de aprendizaje de los niños monolingües y los bilingües. También demostró el efecto del bilingüismo en la postergación de enfermedades que aquejan a los adultos mayores, como la demencia.

Hace algunos años el Liceo Francés de Nueva York organizó una conferencia sobre bilingüismo, en la que tuve la oportunidad de conocer a la profesora Ellen Bialystok de Toronto, Canadá. Ellen aceptó con mucho gusto participar en el proyecto de la Revolución bilingüe, así que nos mantuvimos en contacto. Tiempo después organicé otro evento y no dudé en invitarla.

La profesora Bialystok pasó dos días en Nueva York y presentó tres conferencias. Sobra decir que no podíamos dejar de hablar del bilingüismo, fue una experiencia maravillosa. Actualmente se encuentra escribiendo un libro que muy pronto formará parte del catálogo de CALEC. Pero ¿por qué estoy tan contento de que dos de nuestras conversaciones aparezcan ahora en *este* libro? Permíteme hablarte un poco sobre sus descubrimientos, estoy seguro de que comprenderás mis razones.

En los últimos diez años, más o menos, la investigación sobre los efectos del bilingüismo en nuestros lóbulos frontales ha tenido un avance significativo. El revolucionario trabajo de Ellen Bialystok muestra el claro y profundo impacto que tiene la experiencia bilingüe en la estructura y la organización del cerebro. Descubrió que el cerebro bilingüe es más hábil para resolver problemas debido a la constante restauración de los circuitos de la función ejecutiva (red de procesamiento cerebral que recolecta y organiza información, analiza nuestro entorno y ajusta nuestro comportamiento en consecuencia). El cerebro bilingüe explota más las funciones ejecutivas porque necesita procesar información en dos lenguas de manera constante. El esfuerzo necesario para resolver los problemas que surgen entre ambos sistemas, ya sea para las actividades orales o escritas, reorganiza toda la red de la función ejecutiva de manera constante.

Por último, los cerebros bilingües están cableados de tal forma que son más productivos que los monolingües, incluso al realizar tareas que no tienen que ver con la producción de lenguaje. Asimismo, el bilingüismo parece proveer una manera de eludir el declive natural del cerebro. Ellen Bialystok no solo ha mostrado que el cerebro bilingüe es más fuerte y saludable, también presentó evidencia de que el bilingüismo a lo largo de la vida juega un papel importante en la desaceleración del inicio de enfermedades como el Alzheimer y que puede frustrar los síntomas de la demencia debido a que le provee al cerebro una reserva cognitiva mayor.

La profesora Bialystok nos honró al compartir con nosotros sus resultados en las dos conversaciones que aquí se presentan. La primera se enfoca en el cerebro y el potencial del bilingüismo, y la segunda está dedicada a la educación bilingüe para los niños pequeños.

El cerebro y el potencial del bilingüismo

Servicios culturales de la Embajada de Francia en Estados Unidos, 18 de mayo de 2018.
Nos referiremos a los participantes como 'FJ' (Fabrice Jaumont) y 'EB' (Ellen Bialystok).

FJ: Me pareció que sería buena idea empezar con algunas preguntas breves sobre ti, y que tal vez nos podrías contar sobre tus antecedentes y cómo llegaste al campo de la psicología cognitiva y al mundo de las personas bilingües.

EB: Por supuesto, muchas gracias por invitarme. Estoy muy contenta de estar aquí, estoy encantada de poder contarles sobre mi trabajo. ¿Cómo llegué a esto? Pues, hace mucho tiempo realicé estudios de doctorado como especialista en desarrollo cognitivo y estaba interesada en el lenguaje. Lo que más me intrigaba era cómo aprendían los niños una lengua, cómo aprendían los conceptos y los conectaban. Más adelante, estos temas se fusionaron en el vínculo entre el lenguaje y el pensamiento. En ese tiempo el bilingüismo no era un tema importante en la psicología cognitiva, eran mediados de los setenta y el campo de estudio de la psicología del bilingüismo no existía. Tras mi graduación no conseguí un empleo académico de inmediato porque no los había, pero obtuve un puesto como directora de un proyecto en el que se investigaba la manera en que la gente aprendía un segundo idioma. Era un trabajo en un ámbito distinto: la adquisición de una segunda lengua, lingüística aplicada. Mi labor consistía en estudiar a jóvenes de preparatoria en el salón de clases mientras aprendían francés como segundo idioma y tratar de averiguar qué sucedía. Nadie había estudiado este proceso desde la perspectiva del psicólogo, pero como yo estaba muy interesada en lo que hacían los jóvenes, desarrollé algunas ideas, diseñé pruebas y empecé a estudiar lo que sucedía en sus mentes. Podría decir que esto me introdujo al mundo del bilingüismo, pero no quisiera hacerlo porque eso fue mucho antes de que se hablara siquiera de bilingüismo, se trataba más bien de la adquisición de una segunda lengua, y con el paso del tiempo el concepto evolucionó. Estar presente antes que los demás siempre ayuda. Ya sabes, ser el primer chico de la cuadra que se involucra en algo siempre te da ventaja. Supongo que fui la primera persona que supo ejercer la psicología cognitiva, que supo cómo hacer investigación experimental y que tuvo cierto entendimiento de las mentes de los jóvenes. Creo que fui la primera en preguntarse siquiera qué sucedía cuando aprendían un segundo idioma. Esa fue la serie de accidentes que me condujo a ese lugar.

Luego solo empecé a interesarme más porque, gracias a mi investigación, noté algo muy complicado: que los jóvenes que podían hablar otras lenguas no hacían las cosas de la misma manera que los monolingües. Esa fue la base, así empecé mi investigación.

FJ: Poco después descubriste que ser bilingüe podría tener ventajas. ¿Crees que el bilingüismo tiene ventajas neurológicas? Es algo que has defendido en tu investigación.

EB: En efecto, pero insisto en que fue una gran sorpresa. Te recuerdo que estábamos entre 1978 y 1980, y en aquel tiempo solo había una investigación muy limitada que mostraba o aseguraba que los chicos bilingües tenían «conocimiento metalingüístico». Se trata de un término clínico que tiene muchas sílabas, pero no se asusten.

¿Qué es el conocimiento metalingüístico? En realidad, es una noción muy simple, la de entender que el lenguaje tiene una estructura. Es algo que necesita uno para aprender a leer. Si no sabes que las palabras tienen sonidos y que los sonidos se pueden escribir como letras, te va a costar mucho trabajo aprender a leer, todo esto forma parte del conocimiento metalingüístico. Así pues, en aquel tiempo se estaban realizando unos cinco o tal vez seis estudios que mostraban que el conocimiento metalingüístico de los chicos bilingües era mejor que el de los monolingües, lo cual puede ser trascendente porque, claro, todos queremos que nuestros hijos sean alfabetos. Y si hay algo que facilite la alfabetización, lo deseamos, ¿cierto?, queremos participar. Entonces pensé: *Genial, voy a enfocarme en esto.*

Empecé a realizar estudios y se hizo evidente que, en efecto, había ciertas tareas metalingüísticas en las que los chicos bilingües se desempeñaban mejor, pero eso no era todo. También había algunas tareas que los bilingües siempre realizaban mejor que los monolingües. Les explicaré con un ejemplo.

A partir de ahora fingiremos que todos ustedes son sujetos de mi experimento, también quiero que imaginen que tienen cuatro años. Les voy a decir una oración y quiero que me digan si la estoy diciendo de manera correcta o incorrecta, ¿de acuerdo? «Las manzanas crecen en los árboles». ¡Es correcta! Muy bien, genial. Ahora díganme si estoy diciendo la oración correcta o incorrectamente: «Las manzanas árboles en los crecen». Así es, la dije de forma incorrecta. Bien, ahora recuerden: solo díganme si estoy expresando la oración de forma correcta o no, es lo único que importa: «Las manzanas crecen en las narices». ¿La dije bien? Exacto, la dije de manera correcta. En este caso, les explicamos a los chicos que decir tonterías no era un problema porque podía ser divertido, solo tenían que indicar si la oración estaba bien o mal dicha. Y solo los bilingües pudieron hacerlo. ¿Por qué? Porque les dijimos que tenían que prestar atención a la forma, aun cuando el significado fuera en otra dirección. Así que pensé: *Esto no tiene nada que ver con el conocimiento metalingüístico, es algo mucho más importante*. Ese tipo de reflexión fue lo que me condujo a la posibilidad de que el bilingüismo estuviera provocando algo más.

FJ: ¿Qué está provocando? Es decir, es muy sencillo imaginar que los individuos bilingües tienen superpoderes: ser bilingüe te ayuda a ser más hábil en matemáticas, o en esto y aquello. Hoy en día, cuando uno lee los artículos y las noticias, cada semana surge algo genial relacionado con el hecho de ser bilingüe, pero ¿qué está sucediendo en realidad en el cerebro?

EB: Es un problema porque, en cuanto esta información salió a la luz, de repente los bilingües eran más altos, más inteligentes, más bonitos. Hay incluso un artículo que a un colega mío le gusta citar en todas sus conferencias: «Los individuos bilingües son mejores amantes». Y tal vez lo son, no lo sé, el problema es que todos los efectos que encontramos en el bilingüismo son muy específicos y están vinculados con este sencillo ejemplo: ser capaz de escuchar la oración «Las manzanas crecen en las narices» y entender lo que sucede mientras se ignora lo que significa. La clave radica en no prestar atención a lo que dice la oración, ya que tu tarea consiste en pensar en la estructura. Se trata de un problema de atención, como cuando algo te jala en una dirección distinta y tu necesitas resistir y enfocarte. Hay una parte del cerebro en la corteza prefrontal que es responsable de ese tipo de atención. Es una serie muy específica de regiones y de procesos cognitivos, y su labor consiste en ayudarnos a centrarnos en lo que necesitamos pensar cuando las distracciones nos jalan en otra dirección. Esto es muy relevante. Es un elemento esencial del desarrollo cognitivo de los niños y continúa siendo parte relevante de la función cognitiva a lo largo de la vida. Es lo que los bilingües hacen de manera distinta. No es que su conocimiento metalingüístico sea mayor ni que sean más altos, más inteligentes ni más bonitos: es que pueden enfocar su atención de mejor manera.

FJ: De acuerdo. Háblanos de lo que esto significa, Ellen. Los individuos bilingües, por ejemplo, ¿son más eficientes para realizar varias tareas al mismo tiempo? ¿Para hacer *multitasking*?

EB: ¡Tal vez! Existe evidencia de que lo son porque realizar varias tareas al mismo tiempo es, en el fondo, una cuestión de atención. Hay evidencia de que a los bilingües se nos facilita el *multitasking* o, al menos, hasta que somos tan viejos que ya no podemos hacer varias cosas al mismo tiempo de cualquier forma. Pero este es solo un ejemplo. En efecto, hacer una o dos cosas al mismo tiempo es algo en lo que los bilingües dominan.

FJ: ¿Necesitas ser bilingüe desde tu nacimiento para gozar de estas ventajas?

EB: Como las ventajas están vinculadas con la experiencia, entre más bilingüe seas y más tiempo lleves siéndolo, mayores serán.

FJ: En alguna etapa de tu trabajo escribiste e investigaste sobre los individuos bilingües de edad adulta. ¿Qué nos puedes decir respecto a ser bilingüe en relación con la duración de la vida de un individuo, y cuáles son las ventajas para la gente mayor?

EB: El hallazgo más dramático que hicimos fue que, más tarde en la vida, cuando se empieza a sufrir de neuropatologías, en especial del tipo de las que se relacionan con la enfermedad de Alzheimer y otras demencias, aunque no todas, los individuos bilingües pueden continuar funcionando a un nivel normal sin mostrar síntomas que indiquen que los aqueja alguna enfermedad cerebral. Tienen recursos de reserva que les permiten mantener niveles normales de actividad cognitiva y, por lo tanto, la demencia no es detectable en ellos.

FJ: Mmm. Bien, pero también mencionaste el Alzheimer y creo que es uno de tus mayores hallazgos. Dijiste que ser bilingüe era una gran herramienta, una solución.

EB: Esto es increíble porque a toda la gente le preocupa el Alzheimer. No hay nadie en esta sala que no conozca a una persona o tenga un familiar al que esta horrible enfermedad no aqueje. Predomina de forma masiva y es uno de los mayores temores al envejecer. Esta enfermedad representa un grave problema de salud y queremos saber cómo escapar de ella. ¿Cómo la evitamos? Como sucede con todas las enfermedades importantes, sabemos que los investigadores trabajan de manera permanente para encontrar soluciones farmacológicas, pero en el caso de la enfermedad de Alzheimer, el progreso es ínfimo. Hay unas tres o cuatro drogas en etapa de prueba que, en algunos casos, reducen la severidad por algún tiempo, pero eso es todo. Lamento decir que no hay nada en proyecto, el medicamento para el Alzheimer no va a aparecer pronto.

La alternativa es mantener una buena habilidad cognitiva el mayor tiempo posible, incluso en las etapas más incipientes, cuando la enfermedad empieza a afectar el cerebro. Hay varias formas de hacer esto, varias actividades en nuestro estilo de vida con las que se puede lograr, se les llama: «actividades de reserva cognitiva». Una de ellas es la educación superior. Entre más educación formal tienes, más puedes postergar los síntomas de la enfermedad, aunque esta comience a filtrarse en tu cerebro. Pero también hay otras maneras, como mantener un estilo de vida muy activo, tener muchos compromisos sociales, involucrarse mucho en el alfabetismo. Ya saben, inscribiéndote a un club de lectura, por ejemplo. Todo esto ayuda a mantener tu cerebro saludable incluso si la enfermedad empieza a presentarse, pero el bilingüismo es uno de los factores más decisivos. Hasta ahora, alrededor de 1500 pacientes... o no, más, unos 2500, diría yo, han participado en estudios de investigación. Al examinar estos estudios vemos que los pacientes bilingües a quienes se les diagnosticó la enfermedad de Alzheimer tienen en promedio cuatro años más que los pacientes monolingües en la misma situación. No porque no se hayan enfermado, ya que el bilingüismo no inocula contra la enfermedad, sino porque cuando esta llega, su evidencia se posterga. Y en el caso de una enfermedad de la vejez, como lo es el Alzheimer, es lo máximo a lo que se puede aspirar. La enfermedad no se manifiesta, lo cual significa que se cuenta con unos tres, cuatro o cinco años más de vida normal como adulto saludable e independiente, incluso si la patología ya se encuentra en el cerebro.

FJ: El cerebro bilingüe es un cerebro sano en este caso. Entonces, ¿el cerebro trilingüe sería incluso más sano?

EB: Hay poca evidencia de que el trilingüismo mejore algo, e incluso menos de que haya otros factores con efecto acumulativo. La educación superior y el entrenamiento musical, por ejemplo, son actividades que también ayudan al cerebro y pueden posponer los síntomas del Alzheimer. Tienen el mismo efecto. Sin embargo, no tengo conocimiento de ninguna evidencia de que se sumen a los efectos del bilingüismo, podría incluso ser lo opuesto. En Hyderabad, India, se realizó un estudio en una clínica de grandes dimensiones, con unos 700 u 800 pacientes. Lo interesante es que, a diferencia de lo que sucede en el mundo occidental, que al bilingüismo se le relaciona con la educación porque ser bilingüe significa que uno tiene preparación académica, en la India uno puede ser bilingüe o trilingüe sin haber asistido a la escuela jamás. La gente solo habla la lengua de este poblado y también la de aquel otro. Sin educación, sin alfabetismo.

Como en la India ser bilingüe es algo muy natural, es posible separar el bilingüismo de la educación y de la clase social. Así pues, vemos esta clínica en Hyderabad y nos preguntamos: «¿El bilingüismo puede postergar los síntomas de la enfermedad de Alzheimer?». Lo más asombroso es que los beneficios son incluso mayores para quienes no cuentan con educación. Esto significa que los beneficios no son acumulativos, que los diversos aspectos son independientes. Y para la gente que no ha asistido a la escuela en toda su vida, que no cuenta con ninguno de los otros factores de protección contra esta enfermedad, el bilingüismo tiene un efecto de fortalecimiento incluso más importante. Es algo que el cerebro hace solo porque tiene que hacerlo, y que produce un impacto mayor.

FJ: ¿Cuáles dirías que son los más grandes mitos sobre el bilingüismo que deberíamos destruir? Porque cuando vemos que la gente dice o escribe sobre esta habilidad, hay muchas contradicciones: los niños tendrán un retraso o su vocabulario será mucho menos amplio. Uno también lee cosas espantosas sobre los individuos bilingües, que tienen retraso mental, por ejemplo. Es muy inquietante ver tantos mitos, pero también tanta pasión respecto a este tema. ¿Podrías ayudarnos a destruir algunos de estos mitos por favor?

EB: El mito que pondría en primer lugar, si pudiera destruirlos, es el de que los niños se confunden. Es ridículo. Los niños son mucho más inteligentes de lo que pensamos. La idea de que los niños se confunden se basa en esta noción demencial de que el cerebro solo tiene cierta cantidad de almacenaje, de espacio, que una vez que lo llenas ya no queda más, y entonces todo se vuelve demasiado confuso. Es ridículo. El primer mito que me gustaría destruir es que crecer con dos idiomas o más, es decir, aprender a hablar dos lenguas, es malo para los niños de alguna manera. No es malo, al contrario, es benéfico.

FJ: En ese caso, ¿qué tan pronto deberíamos empezar a aprender idiomas?

EB: No me gusta pensar en términos de edades, aquí hay otra dimensión que me parece importante. Por la manera en que hablamos de la lengua y del bilingüismo parecería que se trata de una especie de ejercicio para el cerebro, que es un momento de enseñanza, un plan de estudios. Pero, de hecho, el lenguaje es interacción y comunicación humanas. La lengua es la esencia de nuestro mundo social, por eso necesitamos aprender aquellas que nos permitan interactuar con los humanos en nuestro círculo social, y aprenderlas lo más pronto y de la mejor manera posible. Existe esta noción de que, en algunos países, Estados Unidos por ejemplo, para pertenecer a la sociedad tienes que asimilar el inglés, lo cual implica adoptar un idioma y una cultura que pueden ser distintos a los que dejaste atrás. Esto es un problema porque, si no puedes hablar con tus abuelos, si no puedes volver al lugar de donde viene tu familia y entender lo que la gente de ahí te dice, si no puedes leer la cultura en tu historia, entonces has perdido algo muy importante. Por lo tanto, no se trata de cuándo deberías aprender otro idioma, sino de cuánto deberías esforzarte por conservar todas las lenguas que hablas, y me parece que el esfuerzo no debería tener límites. Nadie debería renunciar a las lenguas que la, o lo definen.

FJ: ¿Qué consejo les darías a los padres en este caso?

EB: Que hablen su lengua de herencia, que la enseñen a sus hijos, que los ayuden a ser capaces de comunicarse con su familia extendida y con sus abuelos porque ahí radica la riqueza de su identidad.

FJ: En efecto. En el ámbito de la educación a veces se les recomienda a los padres que no hablen su lengua de herencia o del hogar, y otras cosas que por desgracia escucha uno por ahí. ¿Tienes alguna recomendación para los maestros en las escuelas?

EB: Sí, claro. Este es un excelente ejemplo del conflicto al que me refiero: entre la lengua como una especie de programa escolar y la lengua como parte de tu humanidad. Yo me opongo de manera tajante a cualquier legislación que le diga a la gente qué lengua o idioma puede hablar y con quién. Tu lengua es parte de lo que eres, nadie debería restringir jamás cuál puedes hablar, pero por desgracia, las cosas no funcionan así: hay muchos lugares donde se crean leyes de este tipo. Cuando estás en la escuela y deseas hablar con un amigo porque ambos hablan la misma lengua o idioma, genial: deberían hablarlo. Para mí, la lengua está vinculada con la comunicación en principio y, como somos seres sociales, la comunicación es la esencia de la humanidad. Así que nunca restrinjas la lengua.

FJ: Mencionaste a los abuelos y la familia, sin duda estamos en el ámbito de las emociones. ¿Cuál es el impacto del bilingüismo en el desarrollo personal y emocional?

EB: Tu pregunta es interesante porque hay ciertos aspectos de tu vida a los que nunca renuncias en tu primera lengua. «Reglas» es la palabra que me viene a la mente, pero más que reglas son una especie de truismos de la lengua materna. No importa qué otro idioma aprendas, ni si lo llegas a manejar a un nivel muchísimo más elevado, ni si vives en otro país, ni si este segundo idioma o lengua se apodera de tu vida: siempre seguirás usando tu lengua materna para contar, rezar y soñar. Uno no renuncia a eso, y negarlo sería negar tu identidad. Es algo tuyo, algo que siempre forma parte de ti. Las investigaciones que realizo muestran que, independientemente de todo lo anterior, el bilingüismo es bueno para tu cerebro. Sin embargo, esto resulta bastante secundario al asunto emocional, el cual representa tu identidad de manera fundamental, y tratar de cambiar eso o negarlo complica las cosas.

FJ: ¿Qué hay de la creatividad? Porque es una palabra de moda que continuamos escuchando en varios ámbitos, no solo en el de la educación. ¿Hay alguna relación entre el bilingüismo y la creatividad o el hecho de ser más creativo?

EB: Hay algunos científicos que se dedican a investigar este aspecto, los conozco y hablamos de ello con frecuencia. El objetivo de su investigación es demostrar que los individuos bilingües son más creativos. Yo soy un poco escéptica, no estoy segura de que los hallazgos sean convincentes del todo, pero es una idea atractiva, ¿por qué no? Pero ¿estoy científicamente convencida de que los individuos bilingües son más creativos? Debo decir que aún no, sin embargo, algunos investigan este aspecto y esa es la postura que presentan.

FJ: Antes de escuchar las preguntas del público, porque me gustaría que esto fuera una verdadera conversación, ¿nos puedes hablar un poco sobre el tema en el que estás trabajando e investigando en este momento?

EB: Tengo dos proyectos importantes en mi laboratorio justo ahora. Uno ya va a terminar y el otro apenas comienza, así que les daré un resumen de ambos. El que ya va a terminar es un estudio con adultos mayores que son monolingües o bilingües, y a quienes investigamos de manera muy intensa. Tomamos muchas mediciones de la estructura de su cerebro, de su función cerebral y su función cognitiva. Son personas que tienen en promedio unos setenta y cuatro años. Tenemos resultados muy interesantes que coinciden con lo que mencioné antes. Hace rato dije que cuando a los individuos bilingües les diagnostican demencia, son mayores que los monolingües y se encuentran en una etapa más avanzada de la enfermedad. En este estudio que estamos acabando, todos los sujetos están sanos: si a alguien le diagnosticaron algún problema médico antes del inicio del estudio, no lo incluimos. Por eso todos viven de manera independiente, están sanos y tienen función cognitiva normal. Dos cosas: la primera es que, en todas las tareas cognitivas que les dimos, todos tuvieron los mismos resultados. Y la segunda, que los cerebros bilingües están en peor forma. Es decir, a pesar de tener cerebros que ya empiezan a mostrar un deterioro mensurable, estos individuos bilingües funcionan al mismo nivel que los monolingües sanos. Es el inicio de la postergación de síntomas al que me referí hace rato porque, obedeciendo a esta lógica, coincide con el hecho de que un monolingüe cuyo cerebro hubiera estado dañado a ese nivel habría mostrado síntomas y no habría sido elegible para nuestro estudio porque, como dije, solo aceptamos a personas sin síntomas clínicos. Esto significa que, en promedio, los bilingües se están llevando a sí mismos hacia vidas más sanas y duraderas en relación con todo lo demás.

Por otra parte, el estudio que estamos iniciando se enfoca en el extremo opuesto, ya que en él estudiamos a niños. En Canadá, la idea de enseñarles francés a los niños se ha popularizado muchísimo en los últimos tiempos, pero en realidad, este programa se desarrolló hace unos cuarenta o cuarenta y cinco años: la inmersión en francés.

Aquí tomamos niños anglófonos y los enviamos a la escuela. Pasan el día entero estudiando en francés a pesar de que ninguno habla este idioma en casa. Los programas comenzaron a mediados de los sesenta y fueron muy exitosos. Hubo muchas investigaciones que demostraron que a esos niños les fue muy bien aprendiendo en inglés y francés. Nadie salió dañado, todo estuvo bien.

Dichos programas han seguido popularizándose y ahora son tan reconocidos que hay listas de espera y loterías para poder inscribirse. Solo algo cambió: en los programas originales, los niños inscritos eran hijos de padres de clase media con un nivel elevado de educación académica, y el «secreto a voces» era que, si a los niños no les iba bien, les pedían con discreción que abandonaran el programa, por lo que a todos los que se quedaran les iba a ir bien de todas maneras.

Hubo muchas investigaciones que mostraron que tuvieron buenos resultados y, luego, nada. La situación ha cambiado porque ahora todos quieren inscribirse y los niños que estudian en estos programas provienen de todo el espectro social, es decir, de todo el espectro lingüístico. Estos niños tienen antecedentes muy diversos y nadie ha estudiado su experiencia en los programas de inmersión en francés. Lo que tenemos es un estudio de cuatro años. Acabamos de poner a prueba nuestra primera cohorte de 250 niños y estamos empezando a ver los datos, pero los primeros resultados son positivos: «Todo ha salido bien, los niños se encuentran de maravilla». Esa es la etapa en que nos encontramos.

FJ: Gracias, Ellen.

Preguntas y respuestas

P1: ¿Hay alguna diferencia entre un bilingüe que creció escuchando un idioma, como yo, que escuchaba francés, inglés, ruso, etcétera, porque era parte de mi vida diaria y no aprendí en la escuela, y alguien que estudia de manera formal y aprende un segundo idioma?

EB: Creo que la diferencia es que usted es más bilingüe.

P1: Sí, pero, es decir, ¿todos somos bilingües o…?

EB: Aquí está usted refiriéndose a un aspecto relevante: el bilingüismo es complejo. No hay nadie, es decir, ninguna persona con educación académica o que viva en una ciudad moderna, que no haya tenido un encuentro con otras lenguas o idiomas. En las escuelas hay requisitos respecto a la lengua, todos viajamos, todos aprendemos los nombres de los alimentos que nos gustan, etcétera. Esto significa que la lengua tiene que ver con la vida de la mayoría de la gente y, por lo tanto, se requiere de ciertos criterios para decidir en qué momento una persona es bilingüe. No hay reglas explícitas al respecto, pero como respuesta sencilla y práctica se podría decir que, si usted es capaz de comunicarse con fluidez y eficacia en un par de idiomas, incluso si comete errores y no los habla a la perfección, y si forman parte de su rutina, entonces es bilingüe.

P2: ¿Los beneficios que describe para los niños que hablan dos lenguas son aplicables en el caso de los niños que hablan más de dos? ¿Tres o cuatro? ¿Esto complica la situación?

EB: No hemos encontrado mucha evidencia. Hemos estudiado a niños trilingües y no parecen ser muy distintos a los bilingües. Hay algunos estudios que muestran que los adultos multilingües tienen hasta cierto punto más ventajas que los bilingües, pero no estoy convencida de que esos efectos sean reales. Por eso creo que la pregunta de si más allá de dos lenguas la diferencia es mensurable, es más complicada. El verdadero cambio se produce entre funcionar con regularidad en una lengua que uno puede hablar, y ser capaz de llevar a cabo sus rutinas en dos lenguas. Creo que más allá de eso, los beneficios disminuyen. Este ejemplo lo solía usar hace veinte años: cuando una familia que no tiene niños pasa a ser una familia con un niño, se opera un cambio muy importante. Ahora pensemos en el cambio de tener un niño a tener dos. Sí, también hay una alteración, pero como el cambio más profundo ya sucedió, los ajustes son menores. Más o menos así funciona: el mayor ajuste sucede en el primer salto.

P3: Dejando a un lado el asunto de la población que envejece, ¿hay alguna diferencia en el cerebro si uno se vuelve bilingüe a los cuatro años, a los catorce, a los veinticuatro o a los cuarenta? ¿Alguna diferencia notable?

EB: Esta es una buena pregunta, pero como no sé si tengo la respuesta, la voy a contestar de una manera un tanto enrevesada. Lo que hemos descubierto es que, entre más bilingüe sea uno, mejor; entre más tiempo se permanezca bilingüe, mejor también; y entre más pronto se vuelva uno bilingüe, mejor aún. Todo esto pertenece a la idea de duración. Por eso, si se empieza a una edad distinta o si el punto de inicio se retrasa, pero luego uno pasa treinta, cuarenta o cincuenta años siendo bilingüe, ¿los beneficios son detectables? No sé, no tengo idea, pero es una pregunta importante. Tengo la corazonada de que no. Creo que estos son efectos de duración, sobre todo; no creo que haya períodos críticos para cada aspecto, ya sea aprender una lengua o descubrir los resultados. Tengo la corazonada de que lo que importa es el período, no el punto de inicio, pero no estoy al tanto de investigaciones relacionadas con esta pregunta.

P4: Hola, mi pregunta retoma el tema del que habló la segunda señora, el multilingüismo. Me pregunto si es posible enseñarles a nuestros hijos cuatro o cinco idiomas antes de que cumplan los diez años. Digamos que los padres hablan idiomas distintos y los niños van a la escuela y hablan un tercer idioma, y la nana habla un cuarto. ¿Sería demasiado para el cerebro de un niño?

EB: La idea de que el bilingüismo puede causar desconcierto y retraso mental se basa en la noción de que los cerebros son pequeños y frágiles, y que solo pueden almacenar cierta cantidad de información, pero eso no es cierto. La respuesta a su pregunta radica en que estamos confrontando los extensos recursos del cerebro con algo sobre lo que tenemos mucho menos control, que es el tiempo. Pensemos en los primeros años de vida de los niños. ¿Cuánto tiempo pasan despiertos? Ahora bien, en esas horas que pasan despiertos tienen que aprender la lengua y otras cosas. Sabemos que pueden aprender dos idiomas o lenguas, incluso tres, pero el tercero nunca lo aprenden del todo bien. ¿Es porque su cerebro es limitado? ¿O porque el día no tiene suficientes horas para que practiquen el idioma, lo absorban y lo aprendan? Yo diría que la respuesta es no: no pueden aprender todos esos idiomas. No por su cerebro, sino porque no hay suficiente tiempo. Porque aprender otra lengua es difícil, porque hay mucha información que procesar.

P5: Muchas gracias por esta presentación tan interesante. Mi pregunta es: tomando en cuenta que usted es canadiense, ¿ha comparado a los niños anglófonos inmersos en el francés, con los niños francófonos de, digamos Quebec, que han estado en un programa de inmersión en inglés? ¿Existe eso?

EB: Sí, sí existe. Es una pregunta interesante. El primer estudio que hizo pensar a los investigadores que los niños bilingües tal vez no sufrían de retraso mental se realizó en Montreal en 1962, 63, 64... algo así. No sé por qué no puedo recordar la fecha exacta. Fue un estudio muy importante realizado por investigadores de McGill. Lo que se sabía en aquel tiempo era que el bilingüismo era algo terrible, que volvía estúpidos a los niños y que teníamos que proteger a nuestros hijos de esta horrorosa enfermedad. Entonces los investigadores de McGill, empezando por Wally Lambert, uno de los abuelos de la investigación sobre el bilingüismo, y su alumna Elizabeth Peel pensaron: *No deberíamos creer eso, hagamos un estudio más controlado. Tenemos la idea de que los niños bilingües se desempeñarán mejor en tareas verbales, pero tendrán resultados iguales a los de los niños monolingües en el área de tareas cognitivas.* Luego estudiaron a niños francófonos que estaban aprendiendo inglés en Montreal y los resultados se volvieron legendarios. De hecho, representaron un parteaguas en mi investigación, ya que nos mostraron que esos niños bilingües se desempeñaban mejor en todo. Sin importar la tarea, los bilingües tuvieron mejores resultados. Los niños francófonos de Montreal que estaban aprendiendo inglés permitieron abrir esta línea de investigación. Fue en 1962, ¿cómo podría olvidarlo? Sin embargo, cabe advertir un par de cosas. En 1962, en Quebec en general, incluyendo Montreal, se usaba una frase sociológica muy canadiense, una expresión sociológica bastante dura respecto al país: *Two Solitudes*. Es el título del trascendental libro del escritor canadiense Hugh MacLennan. El título hace referencia a la falta de interacción entre los canadienses anglófonos y los francófonos. Uno tendría que preguntarse quiénes eran esos niños que, en 1962, estaban aprendiendo inglés. Eso fue lo que abrió el campo y, desde el punto de vista anecdótico, se podría decir que funcionó igual de bien, pero creo que en ese estudio había factores sociológicos que hacían que estos niños fueran especiales.

P6: Sé que muchos niños pueden estar expuestos a dos idiomas y que al principio pueden hablar ambos de la misma manera, pero más adelante, el idioma dominante será el que se hable en el país en que vivan. Mi pregunta es: lo que los niños retienen, lo que aprenden cuando son pequeños, ¿desaparece o permanece en algún lugar del cerebro?

EB: Depende. Hay algunos estudios interesantes realizados con niños que fueron adoptados a distintas edades y luego fueron llevados a otros países. Hay dos estudios importantes en esta línea de investigación, y sí, los estudios con niños adoptados son muy valiosos. Uno de ellos se llevó a cabo en Francia. Se observó a niños coreanos adoptados y llevados a Francia en la década de los cincuenta más o menos. Dado que los niños llegaron a distintas edades, tenían niveles diferentes de exposición al coreano y solo se convirtieron en niños franceses porque vivieron con familias francesas. En todas las pruebas realizadas, la evidencia de que conservaran algo del coreano aprendido fue mínima. No obstante, en un estudio de seguimiento en Montreal que llevó a cabo Fred Genesee, un maravilloso investigador del bilingüismo, se observó a, si no mal recuerdo, niños chinos adoptados y llevados a Canadá, así que la situación era la misma, fueron adoptados a distintas edades y cuando llegaron a vivir con sus nuevas familias no volvieron a escuchar el chino jamás. ¿Quedaba algún rastro del idioma en su cerebro? Fred descubrió que sí, aún quedaban rastros. Tomando en cuenta que hablamos de resultados opuestos, ¿cuál sería el correcto? Se requiere de más investigación, pero la pregunta es intrigante: si uno tiene este tipo de exposición temprana, pero luego es sacado de ese ambiente, ¿el cerebro se acuerda de alguna manera?

P7: Yo tengo una pregunta más específica respecto a la edad de adquisición del idioma. Asistí a la presentación de un libro escrito por una neuropsiquiatra que da clases en UCLA sobre un tema que no está relacionado con el bilingüismo, pero dijo que había investigaciones definitivas que indicaban que un niño que aprende cualquier idioma extranjero antes de cumplir los cinco años siempre tendrá en la vida la capacidad de aprender otro y luego otro. Hablando del espectro de edades, tengo una amiga que da clases de alemán a niños de séptimo grado y está convencida de que a los chicos de ese nivel que no han atravesado físicamente la pubertad les cuesta mucho menos trabajo aprender el alemán que a sus alumnos más maduros que ya pasaron por esta etapa. En este sentido, tengo dos preguntas. Si alguien aprende otro idioma antes de cumplir los cinco años ¿siempre podrá aprender uno más? Y la segunda, el límite que parece imponer la adolescencia ¿es un momento crucial para la facilidad en la adquisición de un idioma?

EB: Nunca había escuchado sobre este asunto de los: «cinco años» y no estoy al tanto de ninguna evidencia al respecto. El segundo ejemplo tiene que ver con una hipótesis respecto al período crítico estándar. No puedo opinar sobre lo primero porque es la primera vez que alguien me habla al respecto, pero para ser honesta no me suena lógico. Lo que sí sé es que no hay evidencia de un período crítico. Se cuenta con bastante evidencia respecto al declive en la capacidad para aprender un idioma conforme la edad aumenta, pero hay muchas razones para ello y no existe una sola explicación biológica que pueda usarse como evidencia. No hay un punto de quiebre, no hay un interruptor que diga: «Demasiado tarde, ya pasó tu momento». Eso no existe. La noción del período crítico, en especial cuando se le vincula con la pubertad, es bastante popular, pero debo aclarar que es un mito. La evidencia no la sostiene.

FJ: ¡Otro mito destruido!

P8: Vaya, es un tremendo honor estar aquí, conocerla al fin y verla en persona. Soy maestra y los maestros somos muy curiosos. He tenido el privilegio de trabajar con muchos estudiantes cuyos padres viajan porque trabajan para embajadas. El caso es que actualmente tengo un alumno que habla turco, húngaro, español, francés y chino; y yo me pregunto: ¿cómo lo hace?

EB: Es extraordinario porque, al escuchar la lista de idiomas, vemos que no tienen conexión entre sí.

P8: Así es y, para colmo, toca el piano como profesional. Solo tiene trece años. Un día le pregunté: ¿aprendes los idiomas como una materia más? ¿Es posible que una persona aprenda una lengua de la misma manera que aprende matemáticas?

EB: Bueno, la maestra es usted. Usted dígame.

P8: Sí, eso es lo que me parece que hace, creo que se toma todo con mucha seriedad, si necesita sacar diez de calificación, solo lo hace. Hace poco le entregué una medalla de plata por el concurso nacional de español. Pero bueno, no solo sobresale conmigo, en este caso fueron los exámenes estatales a nivel nacional.

EB: Vaya, parece que es un niño extraordinario. ¿Tiene amigos?

P8: No, no tiene. (Risas)

EB: Me parece que todas las variaciones individuales son posibles, la experiencia humana no tiene límites en su pluralidad. Lo que está usted describiendo es excepcional, pero estamos hablando de un niño, así que es posible. Es un caso aparte, está fuera del rango normal de lo que sucede.

P9: ¿Cuál es la manera más eficaz de enseñarle un segundo idioma a un niño en sus primeros años de vida?

EB: No soy maestra, pero estas preguntas son interesantes. Doy por hecho que en esta sala hay maestros que podrían ofrecernos mejores respuestas que yo, que no soy pedagoga.

P10: Hola, supongo que en los niños es más lógico, pero mi pregunta no se limita a ellos. Me pregunto si ha usted notado una correlación entre la gente que es bilingüe y la capacidad de hacer *code switching* de manera intuitiva o de entender distintos registros. Los niños, por ejemplo, saben que uno habla con sus amigos de una manera, pero con los maestros, el director de la escuela o los abuelos se habla de otra. ¿Hay alguna correlación?

EB: No lo sé porque es algo que los niños monolingües también saben. Parece que se trata de una habilidad paralela, por lo que, incluso si uno solo habla una lengua, entiende que hay estilos y registros de discurso. El francés tiene una estructura más diferenciada entre lo formal y lo casual que el inglés. Hay algunas lenguas que enfatizan tanto la diferencia en los grados de formalidad, que es como si las constituyeran dialectos distintos. Es el caso del malayo, que tiene tres distintos dialectos para determinar el registro social, pero creo que, en el marco de un mismo idioma, sería más bien un tema para la sociolingüística ¿Los niños bilingües entienden mejor la formalidad? No tengo idea.

P11: Doctora Bialystok, con base en sus escritos, en su investigación y en lo que ha dicho aquí esta noche, creo tener cierta noción de lo que necesitamos hacer como defensores y promotores de los idiomas y de la educación bilingüe, pero me encantaría que nos diera de manera explícita cualquier recomendación que pudiera tener para nosotros como padres, educadores y personas interesadas en los idiomas en Estados Unidos. ¿Tiene alguna sugerencia? Conocemos a Fabrice, sabemos que es un tremendo promotor y que ha estado impulsando la Revolución bilingüe aquí en Nueva York y en otros lugares, pero usted también trae la experiencia de Quebec y Canadá. ¿Qué más nos podría decir esta tarde?

EB: Mi primera reacción sería decir que, como padres, educadores y defensores de la comunidad van a enfrentar mucha renuencia. La gente les dirá que si sus hijos tienen problemas en la escuela deberían eliminar un idioma, que están dañando a sus niños por no hablar inglés en casa con ellos. Habrá incluso quien presente argumentos de manera muy vehemente sobre por qué añadir idiomas a la vida de sus hijos es perjudicial. Lo más importante que puedo decirles hoy es que esas personas se equivocan.

Ustedes tienen que resistir, deben de tener confianza al hablarles a sus niños en francés. Cuando envíen a su hijo o hija a la escuela y la maestra diga: «¿Saben? Sus calificaciones de matemáticas son muy bajas y creo que se debe a que le hablan en francés en casa», ustedes deberán decir: «Se equivoca, yo sé que esa no es la razón por la que tiene calificaciones bajas en matemáticas». Por eso creo que el mejor consejo que podría darles es que confíen en su postura y en la devoción que tienen por aumentar las habilidades de sus hijos en los idiomas, ya que no es algo que la gente acepte de lleno, no es la postura de la educación oficial, no forma parte de la política oficial del gobierno. Al menos, no en este país. Tengan confianza en ustedes mismos y continúen la defensa. Creo que más allá de eso, su instinto de padres, maestros y miembros de la comunidad les indicará qué hacer.

P12: También soy maestra, así que tal vez mi pregunta sea un poco tonta. Yo suelo hablar con los padres y explicarles lo importante que es aprender otros idiomas. No sé cuánto me crean, pero me esfuerzo. Para ayudarnos, ¿podría darnos algunos detalles emocionantes sobre descubrimientos recientes? ¿Cómo funciona el cerebro? Algo que podamos entender. Si me orienta hacia algunas lecturas, también las tomaré en cuenta. ¿Qué es lo que sucede en el cerebro? ¿Nos podría dar algunos ejemplos concretos sobre neurología? Cualquier cosa relacionada con el fenómeno bilingüe.

EB: Lo más importante que el bilingüismo modifica en el cerebro son los procesos y la estructura de la parte frontal, cuya tarea consiste en prestar atención. El entorno nos inunda. Si usted mira alrededor en esta sala verá gente, objetos, banderas, ventanas… Tal vez vea un millón de cosas, pero su cerebro deducirá en qué necesita fijarse. Esto es responsabilidad de la parte frontal del cerebro, es lo más relevante que hace este órgano: averiguar a qué le debe prestar atención. Eso determina todo porque la habilidad cognitiva se basa en esta atención selectiva de la zona frontal del cerebro. Lo que el bilingüismo hace es entrenar esta región, por eso los individuos bilingües tienen mayor control sobre ese tipo de atención, lo cual les permite hacer muchas cosas mejor. En esta investigación hablamos de una manera muy favorecedora respecto a las «ventajas bilingües», pero yo odio este término por muchas razones. Es lo que se ha llegado a conocer como «la ventaja bilingüe». Algunos de mis colegas y yo hemos propuesto una mejor manera de referirnos a esto: «la desventaja monolingüe». (Risas)

Si prefiriéramos pensar en el hecho de que la mayoría de la gente en el mundo en realidad es bilingüe y que el entrenamiento de las habilidades de la atención es producto del bilingüismo, entonces el problema que en verdad debería inquietarnos es el de los pobres monolingües que no poseen estas finas habilidades. La ventaja, en este sentido, tiene que ver con la atención que se requiere para controlar la información que ingresa y aquella respecto a la que el cerebro actúa: principal proceso del funcionamiento cognitivo.

P12: Además de lo que acaba de mencionar sobre la función cognitiva, cuando un estudiante bilingüe o un niño realiza un cambio de código, me refiero a lo que sucede en el cerebro, ¿cómo podemos apoyar ese momento de transición en el que el niño o el adulto va a realizar el cambio, pero se contiene por miedo a no poder comunicar de manera apropiada la información que se le solicita? ¿Y qué hay sobre la posibilidad de que esto provoque baja autoestima porque el entorno solicita que se responda en la lengua X, Y o Z? Hay un momento del funcionamiento en el cerebro durante el cual el niño o el adulto hace el cambio de código, ¿cómo podemos identificarlo y brindar apoyo para que el individuo no se encierre en sí mismo y deje de comunicarse?

EB: Vaya, eso es interesante, yo nunca había escuchado decir que estos aspectos tuvieran algo que ver. No había escuchado que el cambio de código se relacionara con una baja autoestima, ¿la gente dice eso?

P12: Bueno, lo menciono porque cuando uno cambia de código se puede sentir confiado respecto a lo que va a expresar, pero si no se siente confianza, no podrá expresarse. Hay niños que, cuando son bilingües, cuentan con el vocabulario, pero usan ambos idiomas y dicen la oración.

EB: El tema del cambio de código es complicado y usted acaba de presentar una dimensión en la que yo nunca había pensado, así que solo diré algunas cosas respecto al cambio de código.

P12: Yo también hago investigación…

EB: Es una dimensión interesante sobre la que yo no había pensado: ¿en qué momento el cambio de código se convierte en una experiencia negativa? El punto principal respecto al cambio de código es el contexto lingüístico en el que ocurre. Hay una maravillosa pero demasiado técnica serie de ideas al respecto. Se trata de un modelo que hicieron unos colegas míos, David Greene y Jubin Abutalebi, quienes hablan de estas situaciones bilingües en términos de tres ambientes únicos de cambio de código o *code switching*, y argumentan que cada uno de dichos ambientes tiene sus propias consecuencias. Ahora bien, ninguno de ellos ha abordado el problema que usted acaba de mencionar, y yo tengo que pensar un poco al respecto, pero regresemos al modelo.

En el primer ambiente de los tres solo se habla una lengua, es decir: solo hablo francés en casa y solo hablo inglés en el trabajo, y es muy importante que lo haga bien porque la gente con la que trato en cada uno de esos contextos solo entiende ese idioma. Hay mucha presión. Después está el segundo ambiente, el de lenguaje dual, donde estás con personas que sabes que entenderían el otro idioma si llegara a surgir. Eso te permite usarlo, es una serie distinta de circunstancias. Y, por último, el ambiente más interesante, lo que llaman «cambio denso de código», un ambiente en el que todos hablan ambos idiomas.

El ambiente con cambio denso de código que me viene a la mente de manera inmediata es Montreal. En Montreal se da por sentado que todos hablan los dos idiomas: inglés y francés. Cuando uno entra a una tienda o restaurante, o cuando uno llega al aeropuerto y tiene que pasar por seguridad, vaya, adonde quiera que uno llegue en Montreal, lo reciben con esta frase: «*Allo, bonjour*». Lo que se da por sentado es: «No importa qué idioma hable usted, podremos comunicarnos». Lo interesante de la hipótesis, con cierta evidencia que la respalda, aunque sea evidencia incipiente, es que si estás todo el tiempo en un ambiente de «cambio denso de código» en el que todos hablan ambos idiomas y no importa en cuál te expreses, entonces no hay muchos beneficios cognitivos porque no importa la lengua, no tienes que seleccionar, puedes decir lo que quieras, cambiar a media oración, cambiar a media palabra, no importa.

El cambio de código como contexto ambiental restringe este tipo de resultados. Usted señaló otro aspecto sobre el que yo no había pensado, que a veces el cambio de código podría tener consecuencias en la autoestima o resultados negativos, así que tengo que dar por hecho que usted lidia con un ambiente en el que el idioma es distinto en estatus social. No es una habilidad abarcadora, sino estatus social.

Eso presenta problemáticas que van más allá de lo que el cerebro está haciendo o de cuáles son las repercusiones cognitivas. Como el lenguaje es político y es social, tiene todas estas dimensiones, y por eso también es multidimensional, es muy complejo. Si usted está en un ambiente en el que de repente ya no es capaz de comunicarse y su única opción es producir una palabra de un idioma de bajo estatus, tal vez eso tenga una consecuencia negativa. Es algo complicado, pero me parece que está bastante al margen de los temas sobre los que he hablado.

P13: Solo quería señalar algo antes de que usted lo hiciera, tiene que ver con el estatus de los idiomas. También quería rectificar algo que dijo usted, tal vez sea cierto que en la mayoría de los países occidentales al bilingüismo se le relaciona con la élite, pero estamos en Nueva York y estamos en Estados Unidos, y aquí hay más lengua dual y bilingüismo. La gente de estatus bajo aquí utiliza más de dos idiomas, pero es un hecho demográfico de este país. Por eso a veces la conversación, es decir, lo que se dice aquí, no es representativo si hablamos del francés, alemán, inglés: esto no es Nueva York.

EB: Tiene razón. Me alegra que haya mencionado este aspecto. Me gustaría terminar ampliando este punto porque me parece muy relevante que Estados Unidos sea un caso extraordinario. Yo vengo de muy cerca, para regresar a casa solo necesito volar una hora. Canadá es una situación distinta. Toronto, donde yo vivo, es considerada la ciudad más diversa del mundo, más diversa que Nueva York y Los Ángeles. Aquí hay algunos datos: en la Gran Zona de Toronto hay 5.8 millones de personas, y en 63 % de los hogares no se usa el inglés como idioma principal. Tal vez usen el inglés y algo más, o solo algo más, pero 63 % de los hogares no usan solo un idioma. Entonces ¿qué más están hablando? Si hiciéramos esa pregunta en Estados Unidos, la respuesta sería español.

Aquí no. Las otras lenguas o idiomas, que no son el inglés, son 224. Hablamos de 224 lenguas que no son inglés, y algunas son «lenguas boutique», es decir, lenguas indígenas que tal vez solo hablan doce personas, pero cuentan, son lenguas. Ahora bien, conectemos eso con el tema del estatus social, que es muy importante. Resulta inevitable que algunas lenguas tengan mayor estatus social que otras, pero cuando uno cuenta con 224 lenguas o idiomas, no hay manera de que todas tengan un estatus menor que el inglés. Muy cerca de aquí tenemos un perfil distinto respecto a lo que significa el bilingüismo, y no hay ningún problema, nadie se molesta por ello.

En Toronto hay barrios que, de manera tradicional, han sido hogar de varias comunidades étnicas y lingüísticas, y muchos de los representantes de estos barrios van al Ayuntamiento y dicen: «Oiga, nos gustaría tener calles con nombres en griego, en italiano, en portugués, blablablá...». Y no hay problema, el Ayuntamiento paga y de pronto ya hay letreros con los nombres de las calles en griego, en italiano, en portugués con las que se puede decir: «En este barrio se establecieron griegos o portugueses, etcétera». No se denigra nada, no es una consecuencia inevitable del multilingüismo y el multiculturalismo, pero es un problema que se tiene que atender de forma constante. Por eso creo que la situación en este país, donde las diferencias en estatus de las distintas lenguas e idiomas son tan marcadas, en realidad es la excepción.

FJ: Por favor ayúdenme a agradecerle a Ellen Bialystok por honrarnos con su presencia. ¡Muchas gracias!

La educación bilingüe para los niños pequeños

Servicios culturales de la Embajada de Francia, 19 de mayo de 2018.
Nos referiremos a los participantes como 'FJ' (Fabrice Jaumont) y 'EB' (Ellen Bialystok).

En muchos países, la educación bilingüe ha sido una opción educativa durante más de cincuenta años, pero continúa siendo controversial, en especial en términos de cuán apropiada es para todos los niños. Ellen Bialystok examina investigaciones y evalúa los resultados de la educación bilingüe en cuanto a niveles de lenguaje y alfabetismo, logro académico y pertinencia para niños con desafíos particulares. El enfoque está en la educación temprana y se hace énfasis en los contextos norteamericanos, prestando especial atención a factores que con frecuencia confundimos con el resultado de la educación bilingüe, como es el caso del estatus socioeconómico.

FJ: Buenos días a todos. Gracias por venir, esta es la segunda parte de una serie de conversaciones que hemos tenido con la profesora Ellen Bialystok. Por favor ayúdenme a recibirla. Esto es un privilegio, Ellen es pionera del bilingüismo, y buena parte de sus investigaciones sobre el cerebro y la cognición han conducido a un cambio definitivo en el campo de la educación bilingüe y la manera en que entendemos el funcionamiento del cerebro. Ellen, para ir entrando en materia, te pediremos que nos guíes por el camino que has seguido en tu carrera y tu investigación, y que nos digas qué te condujo a este campo y también a Nueva York.

EB: Gracias, y gracias a ustedes por venir y hacer el esfuerzo de salir en un día tan poco cálido. Debe haberles costado mucho salir de la cama.

Estudié psicología del desarrollo y me interesé en el lenguaje y el desarrollo cognitivo. Quería entender cómo aprendían los niños las palabras, cómo aprendían la manera en que estas se conectaban, y cómo las juntaban para desarrollar un sistema cognitivo. Es lo que hice en mi trabajo de titulación. Después de graduarme, sin embargo, por situaciones en las que uno termina en algún lugar y obtiene un trabajo que no buscó, cosas que uno en realidad no prevé, me encontré estudiando la adquisición de una segunda lengua con jóvenes de preparatoria que tomaban clases de francés, pero también con adultos. En aquel tiempo, finales de los setenta, este no era un tema de estudio ni para la psicología ni para la psicología del desarrollo; la adquisición de un segundo idioma era tema de estudio de la lingüística aplicada. Eran campos muy distintos, así que tuve mucha suerte porque fui la primera persona que exploró este ámbito de la adquisición de una segunda lengua o idioma a través de la lente de la psicología. Era interesante y era un territorio abierto que me permitió formular preguntas que no se habían formulado. Esto se convirtió en una gruesa fibra de mi trabajo subsecuente y, durante los siguientes quince años por lo menos, tal vez veinte, como las fibras se entrelazaron, mi investigación principal se centró en la manera en que los niños se vuelven bilingües. Noté que los niños bilingües desarrollaban esa serie de ideas y conceptos ordinarios que todos requieren para aprender a leer, es decir, conceptos metalingüísticos como: entender qué es la escritura, lo que significan los sonidos de las palabras, cómo la palabra escrita representa el sonido, y cuál es esa relación simbólica tan especial, pero tan profundamente abstracta al mismo tiempo.

También me di cuenta de que los niños bilingües entendían esas nociones básicas mejor que los no-bilingües, que algo en ellas les resultaba más claro. Esto es importante porque dichas nociones son la base del alfabetismo. Al continuar ese trabajo nos introdujimos con cuidado en otra área del desarrollo de lo que se llama función ejecutiva o procesos de control ejecutivo. Estos procesos son todo lo que tu mente hace, sin que tú siquiera te des cuenta, para mantenerte enfocado en la información importante, en especial cuando hay distracciones. Mi ejemplo favorito de por qué necesitamos un sistema de función ejecutiva es la conducción de un automóvil en carretera. Ustedes saben muy bien lo que deben mirar, pero hay un millón de cosas más compitiendo por captar su atención, así que necesitan hacer un verdadero ejercicio de voluntad para concentrarse. No leer los signos en los anuncios comerciales, no contestar los mensajes de texto, no cambiar la estación de radio, no voltear al asiento de atrás para decirles a los niños que dejen de pelearse. Todas estas son distracciones peligrosas, y lo que nos permite hacer la tarea es el sistema de funciones ejecutivas. Descubrimos que los niños bilingües lograban realizar estos procesos de gran importancia un poco antes: entre seis meses y un año antes, en cada etapa del desarrollo. Con eso se completó el trabajo con niños.

Aproximadamente en el año 2000 empecé a estudiar a adultos y pudimos extender la investigación de forma bastante dramática al incluir escaneo cerebral, adultos mayores y pacientes.

En resumen, ahora tenemos una reserva de investigación que resulta bastante coherente en el sentido de que nos demuestra que el bilingüismo afecta todos los aspectos de la función cognitiva a lo largo del espectro total de vida, desde el momento del nacimiento hasta la etapa tardía de la vejez, cuando se presentan la demencia y las enfermedades neurodegenerativas.

FJ: En la sala hay muchos educadores, algunos son maestros, otros son directores de escuelas con programas bilingües, en la ciudad de Nueva York en particular. Se ha diseminado la creencia, o al menos a mí me parece que está aumentando, de que los beneficios del bilingüismo son reales, que se extienden más allá del ámbito de los idiomas, que hay bastantes habilidades útiles, en particular si uno quiere tener un buen desempeño escolar, si se desea triunfar más adelante en la vida. Pero ¿saben?, hablar dos idiomas ofrece ventajas en el aprendizaje. Ventajas para aprender a leer o escribir, por ejemplo, o incluso para realizar operaciones matemáticas.

EB: Cierto, pero me gustaría articular eso de una manera un poco distinta. Hay áreas documentadas de logro académico y desarrollo cognitivo en las que se considera que hay beneficios provenientes del bilingüismo, aunque también hay otras áreas de logro académico y desarrollo cognitivo en las que el bilingüismo no ejerce ningún efecto. En el caso de niños sanos con un desarrollo típico podría haber algunas áreas triviales en las que el bilingüismo quizá sea un problema, pero permítanme aclarar algo. Si han escuchado: «No hay situaciones en las que los estudiantes bilingües tengan peor desempeño», sepan que sí, sí las hay. No nos referimos a todos y cada uno, pero, en promedio, los individuos bilingües tienen, en cada una de sus lenguas, un vocabulario más limitado que los individuos monolingües de dicha lengua o idioma, y también les toma unos milisegundos más, tal vez quince, encontrar una palabra, pero ustedes saben lo que es un milisegundo: una milésima de segundo. Estas son desventajas, en efecto, pero por encima de todo, los individuos bilingües pueden hablar dos lenguas. Y eso no tiene que ver con resultados cognitivos ni académicos.

Así pues, si queremos preparar a nuestros hijos para el mundo, me parece que tenemos la responsabilidad de ofrecerles las lenguas porque estas permiten la comunicación entre culturas, viajes, entendimiento y mucho más. Hay algunos beneficios cognitivos reales y, por otra parte, no hay déficits cognitivos serios, pero tenemos que recordar que todo esto es en el contexto de brindarles a los niños la habilidad de hablar otra lengua, lo cual, lamento decir, no se menciona nunca en esta investigación.

FJ: Mis hijas estudian en la P.S. 110, una escuela muy buena en Greenpoint que cuenta con un programa dual de lengua en francés. Hay muchos de estos programas en la ciudad de Nueva York. Los rectores incluso anuncian la creación de cuarenta y ocho programas más: en italiano, ruso, kurdo… ¿Qué tan pronto deberían los niños inscribirse a estos programas? Y como ciudad, honestamente, ¿qué nos recomendarías hacer?

EB: En primer lugar, no hay una respuesta correcta. No hay una edad en la que se necesite empezar, y el corolario de esto es que tampoco hay fecha de vencimiento. No hay un período que se tenga que aprovechar y que luego cierre, esta es una posibilidad a lo largo de toda la vida. Pero entonces, ¿por qué sería mejor comenzar antes que después? Hay algunas razones. Una de ellas es que para los niños es más sencillo aprender otra lengua cuando son más pequeños, no porque sus cerebros sean mejores para aprenderlas *per se*, sino porque tenemos que considerar lo que un niño pequeño necesita saber para arreglárselas en cualquier lengua.

En realidad, no es mucho, necesitan un poco de vocabulario para el área de juegos, necesitan conocer los nombres de las cosas que los rodean, interactuar con la gente a través de diálogos sencillos, no es gran cosa.

En cambio, un adulto que aprende una segunda lengua o idioma tiene que ser capaz de ir al banco, negociar una hipoteca y todo ese tipo de cosas. Es una tarea de aprendizaje distinta. Así que, cuando hablamos de la diferencia en la capacidad de aprendizaje de una segunda lengua entre los niños y los adultos, no nos referimos al mismo problema, estamos hablando de aprender cosas distintas. Como los niños no tienen que aprender mucho, les es más sencillo.

Otra razón por la que creo que es bueno que los niños comiencen pronto, es que, si tienes un hijo lo bastante inteligente, con un desarrollo típico, el programa de una escuela pública regular no le resultará demasiado desafiante. Pueden hacerlo, correcto. Y tal vez esta sea una afirmación injusta, pero la hago con base en mi experiencia con la educación pública en Canadá. Los niños pueden seguir el programa. Y si se esforzaran un poco más, tal vez les iría mejor. En este sentido, aprender una lengua es una especie de *plus* en un programa que por lo general no les causa demasiado estrés. Estas son un par de razones para comenzar pronto, pero no quiere decir que no se pueda comenzar más tarde: siempre es buena idea presentarles a los niños una nueva lengua o idioma, y hacerlo cuando las oportunidades lo permitan.

FJ: Entonces, en caso de que llegáramos a perder el período de inscripción, siempre hay esperanza y podemos acceder a los beneficios de ser bilingües incluso si ya se es mayor.

EB: Sí, porque estos beneficios sobre los que hablo, es decir, las modificaciones que hemos visto en el cerebro, se relacionan con la cantidad de tiempo que has sido bilingüe, no con la edad en que empezaste a serlo. Por supuesto, están relacionadas porque, por simple aritmética, entre más joven seas al momento de añadir otro idioma, tendrás más años como bilingüe en tu vida. Pero si separáramos estos aspectos, lo cual sería difícil, lo más importante sería cuánto tiempo de tu vida pases siendo bilingüe.

FJ: ¿Entonces es cierto que mis hijas serán campeonas de matemáticas cuando terminen sus estudios en la P.S. 110?

EB: Estoy segura de que sí, Fabrice, ¡pero no gracias al francés! (Risas)

FJ: De acuerdo. ¿De qué otras ventajas podríamos hablar en este caso? Y, por cierto, anoche hablamos un poco sobre los mitos, pero también es indispensable que las escuelas y los maestros tengan claridad respecto a las expectativas. Hay padres hoy en la sala, así que, dinos por favor, ¿qué podemos esperar de un programa de educación bilingüe en cuanto a ventajas y resultados?

EB: Yo no incluiría las materias académicas en la lista de beneficios potenciales. Hay un par de estudios que muestran que los niños bilingües podrían ser mejores en matemáticas, pero no estoy convencida de que dichos estudios tengan suficientes controles para llegar a una conclusión así. Aprender a leer se vuelve más fácil porque, si aprendes a leer en dos lenguas que se expresan con el mismo sistema de escritura, con el mismo alfabeto, hay beneficios que pasan de una a otra. Sin embargo, si se expresan en diferentes sistemas de escritura, no hay un beneficio colateral, así que depende de esta situación. El verdadero beneficio para el desarrollo cognitivo de los niños radica en el desarrollo de lo que anteriormente llamé «función ejecutiva». El sistema de la función ejecutiva es lo más importante que pueden desarrollar los niños porque predice todos los resultados: el éxito académico, la salud a largo plazo y el bienestar. También predice la estabilidad de sus relaciones. Los niños que desarrollan una sólida función ejecutiva... vaya, tal vez ustedes ya han oído hablar de la prueba de los malvaviscos.

FJ: ¿Qué es la prueba de los malvaviscos?

EB: Es un estudio muy famoso que se realizó en Nueva York hace unos cuarenta años. Se llevó a varios niños de cuatro años a un laboratorio. Los niños se sentaron y alguien colocó un malvavisco frente a cada uno. ¡Un malvavisco! Es un gran premio, ¿no? Aquí tienen que pensar como un niño de cuatro años.

FJ: Sé a lo que te refieres, como los malvaviscos en las caricaturas, ¿no?

EB: ¡Exacto! Luego le dicen al niño: «Aquí tienes tu malvavisco. Lo puedes comer ahora si quieres, pero si esperas diez minutos, te daré dos». Luego el investigador sale del laboratorio y deja las cámaras grabando. Es muy gracioso porque los niños se quedan viendo los malvaviscos y algunos toman el suyo y *lalalá* (cantando). Todo esto fue documentado. Hubo niños que lograron esperar y obtuvieron dos malvaviscos, pero hubo muchos más que no lo hicieron y solo se comieron el que tenían enfrente. Eso fue hace cuarenta años y, desde entonces, cada diez años esos mismos niños regresan al laboratorio para seguimiento: a los que no se comieron el malvavisco les fue mejor en la vida. No miento. Lo que les ayudó fue el control ejecutivo que supervisa tu comportamiento y tus impulsos. Lo que te da la fortaleza para inhibir el deseo inmediato y esperar algo más. Eso es el control ejecutivo.

FJ: ¡Voy a hacer este experimento en casa hoy en la noche! Vaya, entonces hay muchos factores que podrían influir en los individuos y en la educación bilingüe, como el estatus socioeconómico o los antecedentes culturales. Todo esto entra en la mezcla del resultado de la educación bilingüe. ¿Cómo pueden las escuelas ayudar a los niños a volverse bilingües en este sentido?

EB: Lo que me gustaría hacer es abordar primero la premisa de la pregunta. Esta premisa es fundamental: las habilidades de las que estoy hablando, es decir, las de la función ejecutiva, son esenciales para el desarrollo, pero también se ven influenciadas por aspectos como el estatus socioeconómico. Esto es brutal. Otra cosa de la que quiero hablar un poco es el nivel de control de atención del niño. Tenemos mucha información sobre estos dos aspectos. En este momento hay numerosos estudios que muestran que los niños bilingües son mucho mejores para las tareas del control ejecutivo cuando tienen cuatro, seis, ocho años, etcétera. Las dominan antes y las realizan mejor. Ahora bien, también sabemos que el estatus socioeconómico está muy relacionado en el sentido contrario: entre más bajo es el estatus, peores son los resultados de los niños en las tareas de la función ejecutiva. De manera similar, todos los niños tienen distintas habilidades naturales para controlar su atención, cada uno posee un nivel natural de función ejecutiva, digamos, y, evidentemente, a los niños cuyo cerebro tiene un cableado más cuidado y que saben prestar más atención también les va mejor en las tareas de la función ejecutiva. Por eso me gustaría analizar estos aspectos de manera separada en términos del bilingüismo. Hay varios estudios que comparan el efecto del bilingüismo y del estatus socioeconómico en el desarrollo de la función ejecutiva. Todos ellos muestran que ambos factores son aditivos, así que, ser bilingüe es útil en todos los niveles de estatus socioeconómico. Incluso si el estatus es bajo, los niños bilingües se desempeñan mejor que los monolingües. Les voy a contar sobre un estudio reciente que arroja datos muy dramáticos. Se realizó con referencia a una base de información de lo que ahora se conoce como «macrodatos», una fuerte tendencia en la esfera de las ciencias sociales. Los investigadores tuvieron acceso a las calificaciones de más de 18 000 niños en Estados Unidos. Estamos hablando de 18 000 niños: ningún estudio individual puede competir con eso. La muestra de niños cubría niveles socioeconómicos que incluían toda la gama posible. Había niños monolingües y bilingües, y a todos se les pidió que realizaran alguna tarea de lenguaje relacionada con la función ejecutiva. Este fue el gran hallazgo: los niños bilingües siempre se desempeñaron mejor que los monolingües en todos los niveles socioeconómicos, y las diferencias fueron considerables. Pero lo crucial es que las diferencias fueron mayores, es decir, el estímulo y los beneficios del bilingüismo fueron sustancialmente más importantes en los niveles socioeconómicos inferiores, es decir, en los niños que más lo necesitaban. Entre más afectados se veían los niños por su nivel socioeconómico, más útil les era ser bilingües. También hicimos otro estudio con niños en el que observamos su nivel normal de control de atención y su nivel de bilingüismo. Una vez más, descubrimos que era útil en ambos casos: si sus cerebros estaban mejor cableados para la atención, realizaban las tareas de mejor manera; y si eran más bilingües, también las desempeñaban mejor. Es decir, ambos aspectos mejoraban el desempeño. Sin embargo, aquí tenemos que hacer una advertencia importante: los niños cuyo nivel natural de control de atención es muy bajo o problemático, pueden cruzar el umbral clínico y sufrir de una enfermedad que sería diagnosticada como TDAH (Trastorno por déficit de atención e hiperactividad) o algún otro trastorno clínico de atención. Estos trastornos están relacionados con un tipo de cableado específico en el cerebro, en el sistema del control ejecutivo, para ser más precisos. No quieren prestar atención o no quieren aprender, pero no porque tengan TDAH: estas dificultades las tienen por la manera en que están cableados sus cerebros y porque no pueden prestar atención. En esos casos, el bilingüismo deja de ser útil, e incluso podría ser dañino. Se han realizado algunos estudios con adultos bilingües o monolingües a los que se les diagnosticó TDAH, y se descubrió que los adultos bilingües batallan más que los monolingües. Esto sucede porque el mismo sistema que se supone que tendría que ofrecerles beneficios debido a que se entrena gracias al bilingüismo, se ve comprometido. Por eso debemos tener mucho cuidado en el aspecto educativo. Cuando los niños que no tienen este problema parecen tener dificultades en los programas de educación bilingüe, la primera reacción de la escuela es ponerlos en programas de un solo idioma, lo cual suele ser la solución incorrecta. En este caso, para los niños con TDAH, sin embargo, podría no serlo. Uno tiene que saber de manera precisa con qué está lidiando. Si se trata de alguna discapacidad para el aprendizaje como la dislexia o algo así, alguna discapacidad común del aprendizaje, sacar a un niño de un ambiente bilingüe y ponerlo en uno monolingüe no cambiará nada. Estaríamos eliminando la lengua, y eso no ayuda. En cambio, si el problema es un trastorno real y diagnosticable que pueda confirmarse, creo que se necesita tomar una decisión más cuidadosa.

FJ: Me parece que hay mucha confusión en este país debido a la naturaleza transitoria de la educación bilingüe. Los niños que aprenden inglés adquieren acceso a las oportunidades igualitarias que ofrece saber este idioma en Estados Unidos, pero están haciendo una transición de su lengua hacia algo más. Son, por ejemplo, niños monolingües en francés o en chino, y pasan a ser monolingües en inglés. ¿Qué dirías sobre esto?

EB: Cuando se habla de educación bilingüe, hay varios factores a considerar: ¿Cuáles son las dos lenguas o idiomas? ¿Cuál es su estatus en la comunidad? ¿Cuál es la lengua de la mayoría? Y, para ser aún más directos, ¿cuál es la lengua o el idioma prestigioso? Si el enfoque principal del programa de educación bilingüe es enseñarles a los niños el idioma mayoritario de la comunidad, que aquí sería el inglés, los niños que no lo hablan en casa llegan y lo aprenden. Este caso, en que el idioma de la mayoría en la comunidad es el mismo del hogar, representa una situación muy distinta a la de un programa en el que los niños que hablan inglés en casa luego van a la escuela, reciben clases de francés o *en* francés y, por lo tanto, aprenden el idioma. Hay una relación distinta entre los idiomas o lenguas en la comunidad y lo que se habla en casa, por esta razón, el programa de educación bilingüe intervendrá o afectará de manera distinta en todos los casos.

FJ: ¿Qué sucede en Canadá? ¿Nos podrías dar una perspectiva de los programas comunes allá?

EB: El más popular en Canadá es el Public Education Program for French Immersion (Programa de educación pública para la inmersión en francés), pero también hay otros de este tipo. En Alberta hay un programa de inmersión en mandarín. Hay distintas variedades de este tipo de educación, pero el más popular es el de inmersión en francés porque es la manera en que se les enseña a los niños los dos idiomas oficiales del país. En estos programas, los niños de hogares anglófonos van a la escuela y reciben la educación en francés. Su inglés nunca está en riesgo porque lo hablan en casa y es el idioma de la comunidad, así que solo están añadiendo uno nuevo. Esta es la situación en Canadá, donde la educación bilingüe añade algo al idioma mayoritario. Pero esto no es siempre lo que sucede en Estados Unidos, donde el objetivo es educar a los niños en el idioma mayoritario, al que no se verían expuestos de otra manera.

FJ: Sin embargo, algunos estados están definiendo las cosas de otra forma, en especial respecto a la educación en doble lengua. En estados como Utah, por ejemplo, están cambiando la forma de la educación bilingüe. Espero que este modelo continúe modificando el panorama. Quisiera hacerte una pregunta tonta porque siempre pienso en Canadá como un país bilingüe, pero ¿eso significa que, aunque aquí también tenemos francés, los cerebros canadienses son mejores que... los estadounidenses?

EB: ¡Por supuesto! (Risas) Tenemos que diferenciar entre el bilingüismo oficial y los individuos bilingües. Decir que una sociedad es bilingüe significa tener dos lenguas oficiales. Todos podrían decir: «Sí, claro, en Canadá tienen el inglés y el francés», pero se trata solo de una política nacional que implica que los servicios y la educación sean proveídos en inglés y francés. Sin embargo, solo 12 % de los canadienses habla ambos idiomas, eso es todo. Hay otros países que tienen bilingüismo social, como Suiza, donde cuentan con cuatro idiomas, pero puedo apostar que ni siquiera podrías nombrarlos todos y que sería difícil encontrar a una persona suiza que hable más de uno de ellos con fluidez. Bélgica también tiene bilingüismo oficial, pero la población no es bilingüe en ninguno de estos países. El bilingüismo social solo esta implementado en cuanto a la manera en que tienen que proveerse los servicios oficiales.

FJ: Entonces la Francia monolingüe todavía tiene la oportunidad de hacer una reforma internacional. Muchos de los escépticos dicen que es una tontería, que el bilingüismo no está estratificado en absoluto, que solo se limita a los adultos, en especial cuando se trata del bilingüismo de sus propios hijos. ¿Qué tipo de preguntas deberían formularse? ¿Qué decisiones deberían tomarse? Sobre todo, cuando en casa se hablan dos lenguas.

EB: Si en casa se hablan dos lenguas, como es fácil actuar en ambas, la respuesta es muy sencilla: hablar con los niños, leerles a los niños, hablar con los niños, leerles a los niños... Entre más se hagan estas dos acciones, mejor. Los medios de comunicación son importantes, pero no siempre están disponibles. No sé cuántas lenguas distintas se hablen en televisión en la ciudad de Nueva York, pero si no están disponibles aquí, mucho menos en Cincinnati. Si los padres tienen dos lenguas, todo se vuelve más sencillo, solo hay que presentarles ambas a los niños. La situación es distinta si se trata de, por ejemplo, padres monolingües que envían a sus niños a una escuela bilingüe o con programa dual de lengua porque quieren que aprendan otra lengua o idioma, lo cual es muy común en Canadá porque los padres anglófonos envían a sus hijos a estudiar francés aun cuando ellos lo hablan poco o nada. En este caso, la labor de los padres consiste en fomentar el inglés. La escuela se hará cargo del alfabetismo y la conversación en francés. Tú, en casa, harás lo que puedas, pero asegúrate de que el alfabetismo en inglés sea del más alto nivel posible. Y, sin importar de qué estés hablando, no hay nada tan importante como leerles historias a los niños. Nada.

FJ: Leer, leer, leer. ¿Qué me dices de cantar?

EB: Si puedes cantar, claro. Yo no puedo, pero sé que las canciones también son provechosas. Las historias, sin embargo, son fabulosas.

FB: ¿Y los juegos?

EB: Claro, pero las historias son interesantes porque en ellas hay mucha información. Estás aprendiendo estructura narrativa formal, estás aprendiendo ideas. Incluso si se trata de una historia sobre un lobo en el bosque, hay información que podría ser muy interesante para niños de tres, cuatro o cinco años. Recuerdo que cuando mi hija mayor era muy pequeña, su canción preferida era «Baa, Baa Black Sheep», oh, por Dios.

FJ: ¿Qué canción?

EB: «Baa, Baa, Black Sheep», pero no te la voy a cantar.

FJ: Me encantaría escucharla.

EB: Entonces tendrás que buscarla después en Google. (Risas) Años, décadas después, ahora que mi hija tiene cuarenta y un años, me dice que cuando escuchaba la canción imaginaba todo de manera muy vívida: el caminito y la oveja negra. En su mente había un panorama muy rico gracias a una cancioncita insulsa. Si

multiplicas esto en las historias, estarás alimentando la imaginación
y curiosidad de los niños. Y todo pasa a través del lenguaje, así que
les estarás ofreciendo bastante.

FJ: Quizá debamos escuchar algunas preguntas de los asistentes
porque para mí es esencial saber qué piensan los neoyorquinos
presentes. Aunque, claro, también hay gente de otros lugares. Antes
de pasar a eso, ¿podrías decirnos la manera en que las
investigaciones nos ayudan a evaluar los resultados de la educación
bilingüe en términos de lengua, alfabetismo y logro académico?

EB: Sí. ¿Cuáles son los enfoques empíricos para la educación
bilingüe? Déjame contarte un poco sobre un estudio que hicimos y
que me pareció muy emocionante. Fue algo a pequeña escala. La
mayor parte de la investigación que realizamos, en especial en
Canadá, es muy distinta de la realidad de lo que sucede aquí porque
en Estados Unidos la educación bilingüe y el bilingüismo se
relacionan mucho con los individuos bilingües en inglés y español,
y con un estatus socioeconómico bajo. Es por ello por lo que los
programas de educación bilingüe tienen un papel un poco distinto.
Como no podíamos abordar estos temas en Canadá, hace un par de
años hicimos un estudio en el Valle Central de California, que es un
área muy pobre y bastante mexicana. Hispana, pero sobre todo
mexicana. Fuimos a una escuela y les realizamos pruebas a niños y
niñas de entre ocho y nueve años. Hicimos varias cosas con ellos.
Estos niños están en una situación de amplio riesgo, enfrentan
demasiada adversidad y sus resultados académicos no son buenos.
No les dimos tareas escolares, solo tareas de la función ejecutiva y
algunas pruebas en inglés y español para averiguar cuán bilingües
eran. Queríamos averiguar cuál era su nivel en cada idioma porque,
entre más equivalentes son los niveles, más bilingües son los niños.
Fue un estudio a pequeña escala, pero pudimos comprobar que,
entre más bilingües eran, mejores resultados tenían en las tareas de
la función ejecutiva, sin importar las otras circunstancias. Es decir,
el simple hecho de ser más bilingüe, de contar con mejores
habilidades de la lengua en la manera más sencilla posible, como
aumentar vocabulario o ser mejor conversador, les ayudaba con

algo que es esencial para los resultados académicos a pesar de que, en ese momento, todavía estaban en una situación muy difícil. Uno de los resultados educativos que necesitamos examinar es la relación entre el grado en el tipo de bilingüismo y lo que les sucede a los niños. Esto es algo que se puede aplicar de manera extensa.

Otra cosa que estamos estudiando actualmente son las escuelas de inmersión en francés de Toronto, donde este tipo de programas son muy populares. Acabamos de poner a prueba a 250 niños que están terminando el primer grado. Les dimos nuestras tareas estándar para probar la función ejecutiva, pero también tareas de lengua en inglés y francés. En esta ocasión, aunque veremos cuán bilingües son y cuán buenos son su inglés y francés, lo que nos interesa es que provienen de entornos diversos. Muchos provienen de los programas de inmersión en francés, pero de hogares donde no se habla ni inglés ni francés, así que, al venir a la escuela, aprenden el francés como tercera lengua. Algunos de estos hogares son de clase socioeconómica media y otros son de un nivel inferior. Ninguno de los niños está en riesgo ni son pobres como los niños mexicanos de California, pero su estatus tampoco es elevado. Estamos examinando el impacto de sus entornos y la manera en que las otras lenguas que conocen influyen en los resultados. No tenemos mucha información aún, pero vamos a darles seguimiento a estos niños durante tres años. Hasta ahora, es un estudio muy emocionante. Parece que a los que ya saben otra lengua o idioma por su situación en el hogar les está yendo un poco mejor, incluso en las tareas de lengua. Son más sencillas para ellos porque van a la escuela y, digamos que entienden la parte del lenguaje, no les da miedo ni los paraliza, pero seguiremos examinándolos unos años más.

FJ: Muchas gracias, doctora Bialystok. Ahora escucharemos algunas preguntas.

P1: Hola, me llamo Christine y estoy a cargo de la educación en la temprana infancia, en una biblioteca pública de Nueva York. Muchas familias con las que trabajamos son de estatus socioeconómico muy bajo, son familias que no hablan inglés en absoluto. Nosotros ofrecemos talleres familiares de alfabetismo para hablarles de cómo desarrollar en sus niños esta habilidad. Una de las cosas que vemos con más frecuencia es que los padres, que en su mayoría hablan español, no quieren que sus niños lo hablen para nada. Esta experiencia también la viví yo, dado que crecí en un hogar colombiano-estadounidense y mis padres se negaron a enseñarnos español a mi hermano y a mí. Sin importar cuántas veces les repita a los padres: «Esto será mejor para ustedes, y sus niños tendrán todas estas ventajas», de todas formas, hay un rechazo. Me pregunto si tendrá algún consejo sobre cómo hablarles a estas familias y motivarlas a hablar su idioma en casa.

EB: Esto lo escuchamos de muchos grupos de inmigrantes que vienen y dicen lo que han escuchado los últimos cien años: «Estamos en Estados Unidos y no vamos a hablar esa vieja lengua, esa lengua del viejo mundo. Uno tiene que volverse estadounidense, así que solo hay que hablar inglés». Es un problema muy grave, pero no le puedo recomendar nada.

Tal vez podría tratar de explicarles todo lo que le acabo de decir. Es un verdadero desafío con el que tiene que enfrentarse, pero tiene razón, debe persuadirlos de que sería lo mejor para todos.

Otra razón por la que es mejor hablarles a los niños en su lengua es porque necesitan vincularse con sus familias, necesitan hablar con sus abuelos, visitar los lugares desde donde sus familias emigraron, y necesitan sentir que pertenecen. Además del cerebro y de la función ejecutiva, estos niños necesitan esas lenguas para completar su identidad y conectarse con su familia. Así que, buena suerte. Es triste, pero no tengo soluciones mágicas.

P2: Me gustaría hacer dos preguntas. ¿Qué fue lo que dijo respecto a que la función ejecutiva sería mejor en los niños si no fueran bilingües? ¿La segunda lengua se aprende en una parte distinta del cerebro?

EB: Aquí hay varios asuntos, así que permítame aclararlos. En cuanto a la función ejecutiva, no es que sea mejor, sino que se desarrolla a un paso un poco más veloz. Comparemos, por ejemplo, a dos niños de cuatro años. En promedio, conocemos el nivel de control ejecutivo que podemos esperar de un niño de esta edad y, bueno, el niño bilingüe va a estar un poco más adelantado. Sin embargo, todos los niños llegan ahí, todos van a desarrollar un nivel razonable en las funciones ejecutivas. Así pues, no es que solo los niños bilingües lo logren, sino que, debido a su desarrollo, estarán un poco más arriba de la curva. La pregunta sobre dónde se aprende una lengua es un poco más complicada. Solíamos pensar que los cerebros eran una especie de frenología, es decir: «Hay una zona en la que puedes grabar el "lenguaje", hay una parte en que puedes grabar la "visión", hay otra en la que puedes grabar el "control motriz"», pero hemos dejado de pensar así. Aunque hay regiones de especialización, casi todo el cerebro se involucra en todo lo que hacemos y, por lo tanto, el uso de la lengua es una actividad que exige la participación de todo el cerebro. ¿Dónde se almacena el conocimiento de la lengua con exactitud? En algún lugar del lóbulo temporal. Tal vez una parte se sobreponga para las dos lenguas, pero tal vez otra parte no.

Esto, sin embargo, parece cambiar dependiendo de la edad de adquisición de la lengua, es decir, entre más cercanas sean las edades en que se adquieren las dos lenguas, más similar será la geografía. Pero esta geografía no importa porque lo que entendemos mejor ahora respecto al cerebro es que no se trata de territorios o bienes raíces, que lo que conecta las regiones del cerebro durante una actividad conjunta son los procesos y las redes. Tal vez no parezca una respuesta precisa, pero la situación es más compleja y no podemos solo decir que hay distintas áreas.

P3: Hola, tengo algunas preguntas. Número uno, yo trabajo con estudiantes y algunos son hiperactivos. Como también tengo este rasgo, nunca repito una clase y, cuando veo estudiantes hiperactivos, les doy tareas para que puedan ser halagados. De esa forma consigo dos cosas: el niño hiperactivo se calma, pero también se siente importante porque está trabajando. ¿Cree que al hacer yo esto el niño procese o retenga mejor que si solo lo ignorara y fingiera que puede adaptarse a la clase?

EB: No puedo hacer comentarios sobre niños de manera individual y, además, el término «hiperactivo» cubre una gran superficie. Hay niveles normales de hiperactividad que solo forman parte del temperamento del niño, pero también hay niveles clínicos y son cosas muy distintas. Así que no puedo comentar sobre la manera en que su intervención afectaría a un niño porque todo depende de la naturaleza de su hiperactividad.

P3: De acuerdo. Mi siguiente pregunta. Ayer mencionó que ser bilingüe reduce el Alzheimer hasta cierto punto. Cuando dice «bilingüe», ¿se refiere a educación formal en un salón de clases o en general?

EB: Dos cosas. En primer lugar, el Alzheimer no se reduce. Lo que sucede es que el nivel normal de sintomatología que acompaña cierto alcance específico de Alzheimer se ve modificado, por lo que un individuo bilingüe con una patología temprana de Alzheimer podría no mostrar ningún síntoma y continuar funcionando como si no hubiera demencia a pesar de que en el cerebro se ha establecido la enfermedad. Así pues, no es que se reduzca el Alzheimer, sino que los síntomas son postergados. Para cuando estos síntomas aparecen en los individuos bilingües, el Alzheimer está más avanzado, ya es una enfermedad más seria en ese momento, pero tiene una configuración un poco distinta. Ahora bien, ¿importa si usted se vuelve bilingüe por medio de una educación formal o no? No, no importa en absoluto. En la India se realizó un estudio de grandes dimensiones con pacientes de Alzheimer monolingües o bilingües que carecen por completo de educación y solo aprendieron otra lengua de manera natural, conversando, porque en India hay muchas lenguas. Estos pacientes mostraron el mismo retraso en los síntomas del Alzheimer y eran personas que no recibieron educación formal.

P3: Esta es mi última pregunta. Conozco a un niño con un alto nivel de autismo. Su comprensión promedio del mundo real es bastante baja, es decir, mínima. Sin embargo, entiende lenguaje de señas estadounidense gracias a su hermana. ¿Este niño tiene algunas de las ventajas del bilingüismo, dado que ahora es bilingüe porque sabe inglés y, además, lenguaje de señas?

EB: Una vez más, el espectro del autismo es muy complejo e incluye una serie muy amplia de déficits y síntomas. Sé de un estudio que fue publicado hace poco, el cual mostraba que a niños bilingües con trastornos del espectro autista, pero sin claridad en cuanto a en qué parte del espectro se encontraban, les estaba yendo un poco mejor que a los niños monolingües. No obstante, muchas manifestaciones del autismo incluyen severas discapacidades del lenguaje, al punto de que los niños no hablan en absoluto. Por esta razón, es difícil hacer cualquier predicción, el autismo es demasiado variable en sí mismo. Quisiera añadir que hay estudios en los que han participado personas a las que se les llama «bilingües bimodales», es decir, que saben una lengua hablada y el lenguaje de señas, y sus resultados son similares, pero no idénticos a los que hemos encontrado en los bilingües que hablan dos lenguas habladas.

P4: Hola, es un gran honor estar aquí hoy, he leído todos sus escritos. Soy de Rusia, soy maestra de inglés y estoy aquí gracias al programa Fullbright. Estoy estudiando a jóvenes y adultos bilingües. Mi pregunta se relaciona con la anterior. ¿Cree usted que hay alguna manera en que la personalidad de un niño le pueda ayudar a volverse bilingüe o impedírselo?

EB: Creo que su pregunta tiene que ver con el proceso de aprender otra lengua, el cual no entra en realidad en mi campo de estudio. Hace cuarenta años estudié este proceso, pero ya no lo hago. No obstante, tendría que decir que me parece que su suposición es correcta. Por supuesto, las diferencias individuales y las personalidades definen esta situación, pero todos somos diferentes en cuanto a las habilidades que aprendemos. Todos tienen habilidad natural para las matemáticas, los deportes, para aprender a tocar el piano y aprender lenguas o idiomas: todos somos diferentes en nuestra habilidad natural de lograr estas cosas. Parte de eso incluye las diferencias en la personalidad, los intereses y las oportunidades, pero sí, creo que estas son muy distintas dependiendo del individuo. Mi investigación empieza en el punto en el que digo: «De acuerdo, sin importar lo que hayas hecho, ya lo hiciste, no importa cuán fácil o difícil haya sido. Ahora veamos cuáles son las implicaciones».

P5: Hola, tengo tres niños y en mi casa se hablan tres idiomas. Yo les hablo en italiano, como mi esposo es francés les habla en francés y, además, hablan el idioma de la comunidad, el inglés. Así pues, el italiano es la tercera lengua y el inglés es el que domina ahora. Es fascinante ver cómo los tres perciben los idiomas, cómo los usan y cómo reaccionan. Estoy tratando de apegarme a la idea de hablar italiano todo el tiempo con ellos, pero a veces alguno me responde en inglés, así que me preocupa estar presionando demasiado. ¿Los estaré estresando mucho? ¿Dónde me detengo? ¿Estoy haciendo lo correcto o no?

EB: Mi mejor fuente de información sobre las familias trilingües es meramente anecdótica. Permítame decirle lo que he extraído de las anécdotas, tal vez reconozca usted algo. Punto número uno: ¡Dios mío! No hay suficientes horas en el día. Por fin los acosté a todos a dormir y no tuvimos suficiente «tiempo en italiano», ¿cierto? Piense cuánto tiempo pasan los niños en Internet durante el día, es decir, cuánto tiempo pasan despiertos, comprometidos con, preparados para o dispuestos a hablar con usted. Luego tiene que dividir ese tiempo, no entre dos, sino entre tres idiomas y, por lo tanto, algunos de ellos se ven afectados. En este caso es el italiano. Punto número dos: hay una jerarquía, y supongo que su niño más pequeño tiene, por mucho, menos fluidez en el italiano que su niño mayor, ¿cierto?

P5: Así es, el primero y el segundo son los que lo hablan con más fluidez.

EB: Exacto, porque la lengua va en decremento. Y lo hace por dos razones: una es porque los niños empiezan a hablarse entre sí en el idioma de la comunidad y, para ser francos, los padres se rinden. Por eso, con cada niño que llega la tercera lengua o idioma se ve mermada. Pero no es algo terrible, es solo una cuestión de tiempo y de aceptar la influencia que tienen en esto los compañeros, los amigos y la comunidad. La última pregunta que tengo para las familias trilingües, en especial para quienes tratan de mantener la estrategia de un padre, una lengua. ¿Qué hacen a la hora de la cena? Las cosas se complican bastante. Como mi principal conjetura respecto al papel que la lengua juega en las familias es que sirve para la comunicación, yo diría que no debe ser tan rígida. Solo asegúrese de que en su familia todos se hablen entre sí, eso es más importante.

P6: Hola, soy psicoterapeuta y trabajo con niños bilingües con desórdenes del aprendizaje como la dislexia. ¿Dijo usted que pasar de la educación bilingüe a la monolingüe podría ayudarles?

EB: No les haría daño.

P6: No les haría daño, cierto. Es que tengo muchos padres que están preocupados por eso y quieren volver a la educación monolingüe, pero ¿podría yo tranquilizarlos?

EB: Este es un problema enorme para los actores de las distintas áreas de la comunicación profesional: educadores, patólogos del habla y el lenguaje y, por supuesto, los médicos. Mucha gente que trabaja con familias en torno a los problemas de las discapacidades del aprendizaje lo pasan muy mal al tratar de superar esta noción de que simplificar el entorno de la lengua le ayudará a su niño, pero excepto por el par de casos específicos que mencioné, en los que había un verdadero problema de atención, no hay ninguna evidencia de ello. Esa podría ser la excepción. Kathryn Conor, una excelente académica en esta área, dice en su libro: «Si tomas a un niño bilingüe con una discapacidad del lenguaje y le quitas una de sus lenguas, tendrás un niño monolingüe con discapacidad del lenguaje». Es una desventaja, ¿cierto? Colocar al niño en un ambiente monolingüe no va a curar la dislexia, solo va a eliminar algo que no es dañino en particular. Muy pocos estudios se han hecho como es debido porque es bastante difícil realizar este tipo de investigación de la manera correcta, pero digamos que hay algunos que se enfocan en deficiencias específicas del lenguaje como la dislexia, vaya, en discapacidades del aprendizaje de este tipo, y en los que se puede hacer la comparación necesaria, es decir, niños bilingües o niños en un ambiente bilingüe, como un programa de educación bilingüe, y niños con el mismo perfil de discapacidad en un programa monolingüe. Solo así puede uno preguntarse si al niño que está en el programa bilingüe le está yendo peor que al que está en el programa monolingüe y la respuesta es: «No». El problema es que la mayor parte de la investigación solo se enfoca en la educación bilingüe en el salón de clases y dice: a estos niños con discapacidades de aprendizaje les está yendo peor en ese salón que a los que no tienen discapacidades. Sí, claro que así es, tienen una discapacidad para aprender, pero la comparación es incorrecta. En los pocos estudios que comparan de manera adecuada, no se ve ninguna diferencia. Pero insisto, digamos que algunos casos necesitan atención especial, como sucede con un niño aquejado por un TDAH clínico.

P7: Hola, gracias por el diálogo sobre los salones de clases puristas donde se habla una lengua de un lado y otra del otro. La tendencia, al menos en el sistema en el que estoy trabajando ahora, es: o separar con una línea dentro del salón de clases, o separar en dos salones distintos. Cuando se acercaron a nosotros, los maestros, con esa propuesta, me pareció que no era lógica, yo solo pedí algo de investigación académica que demostrara que a los niños les iba mejor cuando se dividía el salón en dos, y me parece que, si me respondieran, sería con silencio o algo ilógico. Cuando solicité las investigaciones, no me mostraron nada, al menos, nada con un respaldo académico o psicológico. Mi primera pregunta es: ¿hay investigación sobre este tema o es solo cuestión de sentido común? Mi segunda pregunta es, ¿qué piensa respecto a que el maestro o la maestra haga *code switching* para apoyar a los estudiantes? Comprendo lo que dice sobre que los niños necesitan expresarse y sobre crear una cultura alrededor de esta necesidad, pero ¿qué piensa de que el maestro cambie de lengua?

EB: La primera respuesta es sencilla: tiene razón, no hay investigación al respecto, todo se debe hacer con base en la observación y el sentido común. En segundo lugar, ¿debería permitirse a los maestros que hagan *code switching*? Al *code switching* lo rodea un aura terrible y peyorativa, es como si uno estuviera cruzando un código vudú cuando cambia de lengua o idioma. Pero ¿por qué? ¿De dónde viene eso? Insisto, de la misma manera que sucede en la familia, creo que la labor principal del maestro es comunicar y, como sabe, respeto mucho a los maestros. Me parece que están llevando a cabo un trabajo en extremo difícil. Confío en la intuición de los buenos maestros y, si los buenos maestros sienten que deberían encontrar la manera de comunicarse con un niño o niña en particular y eso implica usar fragmentos de otra lengua, ¿por qué no habrían de hacerlo? No siento que el *code switching* sea algo terrible por naturaleza, lo importante es comunicarse y uno tiene que hacer lo que sea necesario para lograrlo.

FJ: Bien, muchas gracias. Espero que todos tengan un buen día a pesar de la lluvia en Nueva York. Y ahora, ¡a establecer más programas bilingües en la ciudad. ¡Gracias!

Conversación con François Grosjean

François Grosjean es profesor emérito de psicolingüística en la Universidad de Neuchâtel, en Suiza, institución en la que fundó el laboratorio de idiomas y de procesamiento del habla. Su carrera académica comenzó en la Universidad de París y luego pasó a Boston. Ahí estudió en Northeastern University y fue investigador asociado en el Voice Communication Lab del MIT. Su investigación se enfoca en la percepción, comprensión y producción del lenguaje, tanto oral como de señas, en los individuos monolingües y los bilingües. Le interesan el bilingüismo entre los sordos, la lingüística aplicada, la evaluación de la comprensión del habla en los pacientes afásicos y la creación de modelos de procesamiento del lenguaje.

Hace algunos años tuve el honor de recibir un correo electrónico del profesor François Grosjean. Sabía que las noticias sobre la revolución bilingüe se estaban propagando rápido, pero no me esperaba eso.

El profesor Grosjean me dijo que se había enterado de todo lo que estábamos haciendo con los padres y maestros en Nueva York, y que le parecía genial. Dijo que viajaría de Suiza a Estados Unidos para tomar vacaciones, pero que también podría aprovechar para hacer una visita y ofrecer una conferencia. Fue una noticia increíble para mí porque François Grosjean representaba la perspectiva híbrida del bilingüismo que necesitábamos para reconfortar a los padres y guiarlos a través de la creación de situaciones propicias para fomentar la práctica de una segunda lengua en casa. Le dije: «Por supuesto, me haré cargo de todo y organizaremos una conferencia en el departamento de servicios culturales». Me aseguré de imprimir volantes y envié correos electrónicos a todos en Nueva York: 20 000 personas estaban recibiendo nuestra gaceta. Las cosas fueron una locura, *c'était la folie !* Unos 400 invitados reservaron lugar. Tuvimos que traer más sillas al salón principal y a dos salas adyacentes que necesitamos abrir para recibir a la gente. Trajimos pantallas y equipo para grabar la conferencia porque queríamos ponerla a disposición de quienes no pudieron entrar. Incluso colocamos pantallas en el piso de abajo. Fue increíble, fue algo que no me esperaba en absoluto.

Los antecedentes familiares de François Grosjean fueron lo que lo que condujo a ser bilingüe y desarrollar una carrera enfocada en la comprensión del bilingüismo desde una perspectiva teórica *y* práctica. François Grosjean dice que el individuo bilingüe perfecto no existe. En este momento tal vez uses más un idioma, pero después, en un contexto distinto, tal vez lo uses menos y, por lo tanto, tu dominio va a fluctuar. Quizá tengas más vocabulario porque trabajas en ciertas áreas, pero los vocabularios de tus distintas lenguas nunca son iguales. Asimismo, también está la lengua «de paso» o «intermedia».

Los maestros y maestras de algunos programas bilingües a veces llegan al extremo de trazar una línea blanca en el suelo para marcar la división entre las lenguas que se hablan en el salón de clases, pero los niños no pueden hacer esto porque esa frontera no existe en el cerebro. En él, las lenguas permanecen en un estado de infusión, por lo que mezclarlas y hablar en una lengua intermedia no es malo en absoluto.

Mis hijas, por ejemplo, hablan francés e inglés, pero como estos dos idiomas están en fusión constante, yo diría que también hablan *franglés*. Algo interesante es que, si practicas tus lenguas con regularidad, no las perderás, pero en cambio, a ti como a mí te sorprenderá saber que la lengua materna puede desaparecer si dejas de usarla varios años.

François Grosjean enfatiza en su obra que el bilingüismo tiene distintas definiciones y enfoques que dependen de la manera en que se adquiere y se conserva. En sus libros y proyectos más recientes sobre el bilingüismo, insiste en que una persona puede volverse bilingüe *en cualquier momento de su vida*.

El profesor también presenta una comprensión del bilingüismo que se basa en la noción del «principio de complementariedad», es decir, el hecho de que los individuos bilingües usan distintos idiomas en distintas situaciones, con personas distintas, en distintos contextos y para experiencias distintas. En esta entrevista se refiere al principio de complementariedad para ayudarnos a entender cómo es la vida de un individuo bilingüe y para mostrar la multiplicidad de casos que abarca este concepto.

La vida del individuo bilingüe

Embajada de Francia en los Estados Unidos, 23 de septiembre de 2015.
Nos referiremos a los participantes como 'FJ' (Fabrice Jaumont) y 'FG'
(François Grosjean).

FJ: ¿Es usted francés, inglés, suizo o, tomando en cuenta la cantidad de libros que ha publicado en este país, estadounidense?

FG: Mi padre es francés, nací en Francia y, por lo tanto, en ese momento recibí la nacionalidad francesa, pero mi madre era británica y estudié diez años en escuelas británicas, así que, para cuando cumplí dieciocho años, era británico en esencia. Regresé a Francia a estudiar la universidad y más tarde vine a Estados Unidos, me quedé doce años y lo disfruté bastante. Cuando me fui, la gente me dijo: «Ya logró algo aquí, es un profesor en toda la extensión de la palabra y tiene una beca de la National Science Foundation, ¿para qué regresa a Europa?». Y entonces contesté: «Si un californiano puede dejar Massachusetts para volver a California, ¿por qué un francés o europeo no puede regresar a Europa?». Mi familia ha vivido desde entonces en Suiza, unos treinta años. Así pues, diría que en el aspecto cultural pertenezco a cuatro países. Soy un mosaico de países y estoy muy orgulloso de ello. En cuanto a las nacionalidades, tengo dos: francesa y suiza.

FJ: ¿Recuerda cómo se hizo bilingüe, tomando en cuenta que habla dos idiomas con fluidez y al mismo nivel, francés e inglés?

FG: Lo recuerdo muy bien porque no fui niño bilingüe. Por cierto, los niños bilingües son muy raros, representan solo entre 15 % y 20 % de todos los individuos bilingües. La mayoría de la literatura sobre el bilingüismo se refiere a estos maravillosos pequeñitos. Mi nieto sí es un niño bilingüe, yo más bien fui adolescente o «niño grande» bilingüe. Mi madre, que es británica, decidió que debía aprender inglés, así que me sacó de la primaria en Francia o, más bien, me secuestró para inscribirme en una escuela británica en Suiza. En serio, eso hizo. Los primeros meses, con ayuda de algunos de los otros niños y maestros que hablaban francés, y gracias a mi disposición a aprender inglés, me volví bilingüe en aquel internado inglés en Suiza.

FJ: ¿Su familia ahora es bilingüe?

FG: Lo es, pero comenzamos de la manera equivocada. Llegamos a Estados Unidos cuando nuestro hijo tenía dos años y dijimos: «Vamos a hablar francés en casa, pero lo enviaremos a una guardería donde hablen inglés, y todo estará bien». Pero por supuesto, no funcionó. En aquel tiempo yo en realidad no había pensado mucho en el asunto, pero el pequeño Mark se convirtió muy pronto en un monolingüe anglófono. Luego, gracias a Dios, se me presentó un año sabático y tuvimos la oportunidad de regresar a Europa. Elegimos un país francófono, Suiza, y nuestros dos hijos de diez y cinco años se volvieron bilingües. De hecho, ahora uno es pentalingüe y el otro es trilingüe. Así que, a esos padres que se sienten desesperados, les diría: ¡no se desesperen! En mi blog de *Psychology Today* hablé sobre estos dos pequeños que llegaron a vivir a un pueblo suizo, dos estadounidenses que se convirtieron en lo que son ahora, ¡así que no se rindan!

FJ: Todos tienen una historia personal sobre cómo se hicieron bilingües, y estoy seguro de que todos en esta sala tienen una conexión con los idiomas y el multilingüismo. ¿Diría usted que su historia personal con el bilingüismo le ayudó a involucrarse en la investigación y a escribir estos libros?

FG: Me parece que sí. He pasado por todo tipo de etapas, empecé como monolingüe, me hice bilingüe y luego cambié de idioma dominante. Diez años de educación en inglés me convirtieron en anglófono, pero luego regresé a Francia y Estados Unidos, así que estoy familiarizado con todo lo referente al cambio de idioma dominante. Sé cómo se vuelve uno bilingüe y sé cómo criar hijos bilingües: cometiendo errores al principio y dándose cuenta casi enseguida. Actualmente soy testigo de la manera en que mi nieto se ha ido volviendo bilingüe simultáneo desde que nació, y creo que todo eso me ayudó mucho.

Uno necesita experiencia personal, pero también es importante leer mucho. No por ser bilingüe o multilingüe entiende uno sobre bilingüismo o multilingüismo, hay que leer sobre el tema y conocer las investigaciones que se han realizado. Esta mezcla de elementos, la experiencia personal y la erudición, es lo que le ayuda a uno a llegar al fondo de las cosas.

FJ: A lo largo de treinta años de investigación y trabajo académico ha escrito muchos libros. Aquí tenemos los dos más recientes: uno en inglés, llamado *Bilingual Life and Reality*, y su libro más reciente en francés, *Parler plusieurs langues: le monde des bilingues.* ¿Qué lo instó a escribirlos?

FG: Mi tesis de maestría la hice sobre el tema del bilingüismo, así que usted podrá imaginar cuántos años llevo pensando en esto. Sin embargo, con el paso de los años empecé a pensar que en verdad necesitábamos algunos libros para el público en general, textos que cualquiera pudiera tomar y leer para aprender sobre el bilingüismo. Así que fui a Harvard y les dije: «¿Me ayudarían a escribir un libro para el público en general en el que se contesten preguntas simples como: «¿Quién es bilingüe? ¿Qué es el bilingüismo? ¿Hay algún problema si no se hablan los dos idiomas con fluidez? ¿Cuál es la diferencia entre bilingüismo y biculturalismo? ¿Los individuos bilingües tienen personalidad dividida?». Era el tipo de preguntas que todos nos hemos hecho. Me dijeron: «Claro, ¡escríbalo!», y eso hice. Eso fue lo que me llevó a escribir el libro en inglés que ve usted aquí. Luego, pensé: *Te gustan los desafíos, ¿no?, ¿qué tal si escribes un libro en francés?* Di clases de francés alrededor de treinta años, pero escribir un libro completo no era algo a lo que estuviese acostumbrado porque la mayor parte de mi escritura la realizo en inglés.

FJ: ¿Qué postura defiende en su libro más reciente?

FG: Cosas simples que todo mundo sabe. Como dicen por ahí, es evidente: el bilingüismo se ha extendido mucho, la mitad de la población mundial es bilingüe. Uno puede hacerse bilingüe en cualquier momento de su vida: en la primera infancia, cuando se es niño, en la adolescencia o en la adultez. No nacimos siendo traductores, yo soy pésimo traductor. El bilingüismo y el biculturalismo no son lo mismo y no siempre son coextensivos. Uno puede ser bilingüe sin ser bicultural. El bilingüismo no genera un retraso en los niños, no tiene efectos negativos en el aprendizaje de un idioma ni en el aprendizaje en general. Hay muchas maneras de lograr el bilingüismo de manera exitosa. Escribí sobre el tipo de cosas que necesitan decirse, pero que la investigación más profunda en realidad no tiene tiempo de dar a conocer. Eso es lo que trato de decir en mi libro.

FJ: Entonces, ¿nos puede decir quién es bilingüe?

FG: El honor de la definición les corresponde a los estadounidenses en este caso. En la década de los cincuenta, los investigadores Uriel Weinreich y William Francis Mackey elaboraron una definición bastante razonable del bilingüismo que decidí adoptar: «El uso regular de dos o más idiomas». Me parece que es una definición muy apropiada porque el uso regular significa conocimiento. ¡Claro que significa conocimiento! Uno no puede usar un idioma si no lo conoce. Así pues, ahí está el conocimiento, pero no es el primer criterio para definir a un individuo bilingüe. Desde la perspectiva del lego, se trata de hablar ambos idiomas con fluidez y sin acento, haberlos aprendido de niño, etcétera. Sin embargo, creo que la persona que usa dos o más idiomas diario es bilingüe o trilingüe o cuatrilingüe. Me parece que es una definición mucho más razonable, es la que adopté y he utilizado desde entonces.

FJ: Muchas personas tienen una visión monolingüe del bilingüismo. ¿Por qué cree que esté tan generalizada esta visión?

FG: En 1982, cuando escribí mi primer libro para Harvard, al terminar pensé: *No has dicho lo que en verdad piensas sobre esta pregunta, sobre lo que significa ser bilingüe.* Había logrado muchas cosas con ese libro, pero aún quedaba mucho por decir. Tal vez necesitaba escribir un libro para llegar a ese punto, a la perspectiva que desarrollé hace treinta años, una visión holística del bilingüismo en la que el individuo bilingüe es un comunicador humano, un hablante y un escucha por derecho propio que enfrenta la vida con dos o más lenguas. En dos ensayos académicos, «The Bilingual as a competent but specific speaker-hearer» (1985) y «Neurolinguists, beware! The bilingual is not two monolinguals in one person» (1989), desarrollé la premisa de que, si eres bilingüe, o trilingüe o tetralingüe, eres un comunicador de un tipo distinto. Te comunicas igual de bien, pero de manera diferente. Escribí esos ensayos para alejarme de la referencia del monolingüe, pero nunca he comprendido por qué el monolingüe es el punto de referencia. De hecho, hay dos referencias: el monolingüe y el bilingüe. Esta visión holística del bilingüismo ha progresado, y me encanta que mucha de la gente que trabaja en el ámbito del bilingüismo la haya adoptado, pero en aquel entonces el monolingüe era la referencia, y quienes eran considerados bilingües eran lo que yo llamo «bilingües de excepción», como los traductores, los intérpretes y los autores bilingües. En mis dos libros les he dedicado bastante espacio, pero son bilingües de excepción, y a mí me interesa el bilingüe común y corriente. Existe otro enfoque del bilingüe ordinario, que es el que yo deseaba explicar en estos libros recientes.

FJ: Usted propuso el «principio de complementariedad» para describir al individuo bilingüe. ¿Nos podría hablar un poco más de esta idea?

FG: Hay dos o tres características básicas o conceptos que son esenciales para entender el bilingüismo, pero no me voy a adentrar mucho en el campo científico. Uno de ellos es a lo que le he llamado «principio de complementariedad», que es la idea de que nosotros como bilingües usamos las lenguas o idiomas en distintas situaciones con personas distintas, en contextos distintos y para hacer cosas distintas. Por supuesto, a veces a la misma área la cubren dos o más idiomas, pero hay otras áreas de la vida que se cubren con solo uno. Mis libros incluyen una gráfica en la que se ven los idiomas que cubren un área, los que cubren dos, tres, etcétera. Esto significa que usamos nuestras lenguas o idiomas para distintos propósitos. En cuanto comprendemos eso, también podemos comprender conceptos como el de la fluidez. Si no manejas tus dos idiomas con fluidez y al mismo nivel, tal vez se deba a que no necesitas desempeñarte con fluidez ni en la misma medida en ambos. Si no sabes cómo traducir de un idioma a otro, tal vez se deba a que estás traduciendo de un área cubierta por solo un idioma y no tienes los equivalentes traducidos.

Siempre pongo como ejemplo la época en que estaba en Estados Unidos y daba clase de estadística, que era mi área del inglés. Vine a Suiza y me pidieron que diera un curso en francés y batallé todo un año. ¡Sencillamente no conocía el vocabulario! Conocía los conceptos, pero no las palabras. Si alguien entiende ese principio, entonces puede entender lo que significa la fluidez, la traducción y el dominio de una lengua. Cuando hablo de dominio de la lengua me refiero a que tal vez usas algunos idiomas en menos áreas, en menos situaciones y, por lo tanto, el otro idioma es el dominante. Esto explica por qué los niños no desarrollan dos vocabularios iguales en cada idioma. Solo tienes que mirar la geografía de cómo los idiomas se extienden en sus vidas para entender a la perfección que uno de ellos no cubre todo debido a que no incluye un vocabulario total, en tanto que el otro sí. Naturalmente, si incluyes los dos, tres o cuatro vocabularios, verás que su alcance supera por mucho el del vocabulario de un niño monolingüe.

FJ: Usted también desarrolló el concepto del «modo de idioma». ¿Nos podría decir de qué se trata y por qué es importante para entender al individuo bilingüe?

FG: Los bilingües o trilingües nos preguntamos todo el tiempo: «¿En qué idioma debería hablar ahora?». La segunda pregunta que más nos hacemos es: «¿Utilizo el otro idioma en esta situación o no?». La primera pregunta tiene que ver con la elección del idioma o lengua, y es un tema fascinante debido a su complejidad, pero solemos elegir muy bien porque sabemos que, en esta situación, con esa persona y para ese contexto, usaremos tal idioma. La otra pregunta es si deberíamos involucrar el segundo. Si no lo involucramos, entramos en lo que yo llamo «modo monolingüe». Todos los presentes con frecuencia vivimos en modo monolingüe. Si no tenemos un acento en un idioma, si lo hablamos con fluidez, podríamos sorprender a la gente. Podrían decir: «No sabía que también hablabas ruso», o francés o lo que sea. Del otro lado del *continuum*, cuando estamos con individuos bilingües que hablan los mismos idiomas que nosotros, nos sentimos lo bastante cómodos para usar los dos, tres o cuatro idiomas al mismo tiempo en un formato de cambio de código (*code switching*). Pero insisto, es un *continuum*. Y lo que estamos haciendo en ese caso es navegar de manera constante en ese *continuum*, cambiando el idioma base, cambiando el idioma principal que hablamos y decidiendo si vamos a involucrar el otro o no. El «modo de lengua» o «modo de idioma» nos ha ayudado a entender muchas cosas. Ofelia García ha realizado un trabajo extenso en lo que yo llamaría «modo bilingüe de idioma», es decir, cuando estás en una situación en la que puedes usar tus idiomas en toda su extensión para comunicarte, realizar actividades, interactuar, escribir, leer, etcétera.

A eso le llamaría yo el «modo bilingüe de idioma», pero por supuesto, los niños y los adultos también necesitan aprender a estar en modo monolingüe porque pasamos bastante tiempo hablando o escribiendo de manera monolingüe. Por eso pienso que el modo de idioma es una noción esencial más para entender el bilingüismo.

FJ: ¿Nos podría hablar más sobre el biculturalismo?

FG: Debo aclarar dos cosas. La primera es que el bilingüismo y el biculturalismo no son lo mismo, en especial en Europa, donde hay mucha gente que es bilingüe o trilingüe, pero no es bicultural o tricultural. Piense en todos esos hablantes holandeses que hablan un inglés hermoso. ¡No son biculturales! Aprendieron el idioma, pero nunca vivieron en la otra cultura. Entonces, el bilingüismo y el biculturalismo no son lo mismo. Pueden cohabitar, por supuesto, y cohabitan en mucha gente. Pero ¿qué significa ser bicultural? Significa interactuar en dos o más culturas, estar en contacto, interactuar, y también fusionar ciertos aspectos de ambas. Eso es lo interesante de ser bicultural: ciertas cosas se fusionan en el comportamiento de uno. A veces yo tengo dificultades con eso en el aspecto del espacio, por ejemplo. Cuando vengo a Estados Unidos de repente me doy cuenta de que estoy demasiado cerca de la persona a mi lado porque estoy usando mi espacio francés o mi espacio suizo. En cambio, cuando estoy en un café en Francia aflora mi lado inglés y no me atrevo a gritar « *Garçon !* ».

Es muy interesante ser bicultural, muchos lo hacemos bien. Por ejemplo, sabemos más o menos cómo manejarnos como estadounidenses en una casa estadounidense, o cómo comportarnos como franceses, pero ciertos aspectos se mezclan. Quisiera añadir algo sobre el biculturalismo porque no aprendemos lo suficiente al respecto, me refiero a la noción de identidad. No sé cuántos de ustedes han pasado por el momento o la «crisis» de identidad, cuando se preguntan *¿Soy estadounidense o soy francés? ¿Soy estadounidense o soy mexicano?*, etcétera. Uno tiene que solucionar esto con base en las percepciones de los otros porque ellos dirán: «Ustedes los franceses», y usted dirá: «¡Pero si también soy estadounidense!». También debemos basarnos en nuestras necesidades y en otros aspectos, y luego, si es posible, decidir aceptar lo que somos: una combinación de varias culturas.

Con mucha frecuencia, en especial cuando eres adolescente, eliges una u otra cultura, te vez forzado a pertenecer a una o a la otra, y entonces afirmas, por ejemplo: «No quiero tener nada que ver con mis raíces mexicanas, yo soy estadounidense». Eso es terrible. Si hay algo que nosotros podemos hacer como padres, educadores, o científicos, es ayudar a nuestros jóvenes a entender lo que significa ser bicultural y llegar el punto en que nuestros jóvenes comprendan que está bien pertenecer a ambas culturas. «Una u otra cultura puede ser dominante en mí», no hay problema. «Soy un poco de esto, soy un poco de aquello». Por eso me enorgullece decir que soy un mosaico de varias culturas. Esta es mi identidad, no tengo que elegir una, puedo elegir varias.

FJ: Hablemos un poco más sobre el papel de la familia y de la escuela en la vida de los niños bilingües. ¿Qué piensa usted que deberían preguntarse los padres? ¿Cree que deberían tratar de planear el bilingüismo de sus hijos?

FG: Si los padres pudieran hacer eso, sería maravilloso. Al mismo tiempo, sé lo que es ser padre; estamos ocupados haciendo muchas otras cosas. Pero si alguien puede diseñar un plan, al menos al principio, y tratar de llevarlo a cabo, sería muy bueno. Creo que hay varias preguntas que deberíamos plantearnos. En primer lugar, ¿cuándo deberían adquirirse las lenguas o idiomas? No es una pregunta difícil, no tiene que ser desde el nacimiento. Yo aprendí inglés cuando tenía ocho años, ¡y gané el primer lugar en literatura en inglés en mi escuela! Se puede hacer en varios momentos en la vida. ¿Cuál es el mejor para que la familia se asegure de que el niño se vuelva bilingüe y conserve su bilingüismo? Ese es el problema: si uno comienza demasiado pronto, a veces no cuenta con los recursos para mantener el bilingüismo del niño. Así que la primera pregunta sería sobre el momento en que deberían adquirirse los idiomas. La segunda pregunta es, ¿qué estrategia va a usar? ¿Va a implementar la estrategia «una persona/un idioma»? No es la única. Yo prefiero la de «un idioma en casa, otro idioma fuera de casa», pero hay varias más; mis libros están repletos de formas de abordar la situación. La tercera pregunta es, ¿cómo puedo asegurarme de que el niño necesite los dos idiomas? La palabra mágica es «necesitar». Los niños son seres increíblemente pragmáticos, si sienten que no necesitan un idioma, no lo usarán. *Maman et papa* entienden inglés a la perfección, ¿por qué debería hablarles en francés? Por eso debemos crear la necesidad.

Cuando nosotros trajimos a nuestros hijos de vuelta de Suiza, por ejemplo, mantuvimos su francés durante tres años a través de la creación de una necesidad. Primero invitamos a todos sus amigos de Suiza a visitarnos en Estados Unidos durante un mes. Estaban encantados. ¡Ahí hay una necesidad! Luego buscamos gente recién llegada, nuevas familias francesas, y veíamos si los niños podían jugar juntos. Y si sí podían, teníamos dos o tres meses de comunicación en francés antes de que el inglés apareciera. La necesidad se puede crear de todo tipo de formas. Pero no una necesidad como: «Te dije que hablaras francés, ¡así que habla francés!», eso no es una necesidad. En cambio, si se crea una necesidad comunicativa real, creo que las cosas saldrán bien. Otra pregunta es, ¿con qué tipo de apoyo cuentas? Esto no lo puede hacer un padre solo, es necesario que haya otras personas, otros adultos, otros niños, quizá la comunidad, las escuelas. Por eso estoy fascinado de estar aquí, porque están creando una necesidad para el francés, en este caso en Nueva York.

Los padres deberían encontrar apoyo en la comunidad, en los educadores, etcétera. De ser posible, piensen en todo esto antes de comenzar su camino en el bilingüismo. No den por hecho que conocen todas las respuestas, piensen respecto al tema, lean mucho, lean sobre el bilingüismo, y si pueden, traten de no cometer errores porque, si se equivocan, más adelante se darán cuenta de que su hijo no quiere hablarles en húngaro o en ruso o en ningún idioma. Ustedes se sentirán terrible y se preguntarán: «¿Qué hice mal?». Se enojarán y el niño estará molesto. Hay maneras naturales y agradables de hacerlo, maneras con las que todo puede suceder con cordialidad, libertad y serenidad. Por eso uno debe reflexionar al respecto.

FJ: En tiempos recientes he leído muchos blogs y artículos en la prensa, y estoy a punto de creer que mis hijas serán genios solo porque son bilingües y, por lo tanto, más inteligentes. Parecería que ser bilingüe tiene demasiadas ventajas, y que les irá muy bien en la vida, pero estoy seguro de que también hay algunas desventajas. ¿Podría ayudarnos a enumerar algunas de las ventajas y las desventajas de ser bilingüe?

FG: Hay muchas ventajas, pero a veces hay desventajas, tenemos que ser realistas. Por supuesto, ustedes ya saben que los investigadores han estado analizando aspectos de tipo cognitivo, sobre todo. La literatura es incipiente y, por esa razón, también hay contraejemplos, así que necesitamos ser precavidos. Sin embargo, parece que en el aspecto cognitivo los niños bilingües tienden a hacer las cosas con mayor facilidad, pero solo cierta cantidad de cosas. Cuando estaba escribiendo mis libros recurrí a individuos bilingües para preguntarles cuáles eran las ventajas y las desventajas. La primera ventaja es que puedes comunicarte con otras personas, lo cual tiene mucho sentido. Tienes acceso a literatura y películas en varios idiomas. Ser bilingüe también parece ayudarte con otros idiomas. Fomenta el biculturalismo, la apertura mental y las distintas perspectivas respecto a la vida. A mí me encanta cuando podemos sentarnos y decir: «Comprendo por qué dices esto, comprendo de dónde vienes, pero también comprendo por qué esta otra persona que viene de otro mundo dice tal cosa». El bilingüismo nos da una perspectiva respecto a las diferencias y eso es esencial. Y, por supuesto, nos brinda muchas más oportunidades profesionales. Cuando les pregunté a los bilingües cuáles eran las desventajas, solo un tercio mencionó alguna, y cuando lo hicieron dijeron que comunicarte en el idioma que dominas menos puede ser cansado. Por supuesto, no mencionaron el principio de complementariedad, pero dijeron que, en especial si se trata de un ámbito o situación en la que no estás acostumbrado a usar ese idioma, podrías terminar fatigado.

   También mencionaron que a veces es difícil traducir. Esto sucede por la misma razón: el principio de complementariedad. ¿Cuántas veces no nos han pedido que traduzcamos un texto y sufrimos porque no conocemos ni el campo ni el vocabulario?

   Asimismo, mencionaron que cuando están cansados o estresados, o ebrios o lo que sea, a veces hablan en el idioma incorrecto o no pueden expresarse. Y, por supuesto, si los presionas un poco, también dirán que puede ser difícil ajustarse a las culturas y ser aceptados por quienes son, es decir, ser aceptados como individuos pertenecientes a dos o más culturas, y que hablan dos o más idiomas.

FJ: En la ciudad de Nueva York hay muchos programas duales de lengua en las escuelas. Por supuesto, hay excelentes escuelas privadas que ofrecen programas bilingües, pero también hay varias escuelas públicas que han ofrecido educación en dos idiomas por varios años, comenzando por el español, luego el mandarín y, en años recientes, francés, italiano, japonés. Hay un programa alemán en construcción, también uno polaco. Me parece maravilloso que esto se esté volviendo accesible. ¿Podría hablarnos sobre la manera en que las escuelas pueden ayudarles a los niños a volverse bilingües?

FG: En ambos libros hay un capítulo sobre las escuelas. Los dos capítulos tienen dos partes, una sobre escuelas que fomentan el bilingüismo y el otro sobre las escuelas que no lo hacen: las escuelas monolingües, para decirlo llanamente. Lamento decirlo así, pero son lugares que querrán eliminar cualquier lengua con la que llegue un niño. Es una lástima. Hace muchos años escribí una editorial para un periódico de Miami sobre las ventajas del recurso natural que tenemos en estos pequeños que hablan otros idiomas. Estados Unidos tiene lenguas extranjeras, pero son, de cierta forma, y lamento decirlo así de nuevo, lenguas que tienen un estatus social inferior y, por lo tanto, no reciben de manera oficial ni la atención ni el apoyo que merecen. Si tan solo las escuelas pudieran ayudar a estos pequeños a conservar algunas de sus lenguas, sería genial. Joshua Fishman, un conocido lingüista que vivió en Nueva York, hizo y dijo mucho respecto a la conservación de la lengua. Si estas escuelas monolingües pudieran hacer algo respecto al tema, sería maravilloso. Pero por supuesto, usted conoce muy bien a las escuelas que ayudan a los niños bilingües a mejorar su bilingüismo o que les proveen bilingüismo. Debo admitir que mi estrategia preferida es el enfoque dual de lengua. Creo que es una manera maravillosa porque uno tiene un grupo en que la mitad de los niños tiene una lengua y la otra mitad tiene una lengua distinta, pero hay una interacción entre ellas.

A veces, uno que es estudiante de la otra lengua, necesita ayuda, y un chico del otro grupo te ayuda con ella, pero luego hay un cambio de papeles, y uno puede ayudar al otro niño con algo propio. Me parece un enfoque increíble que, por cierto, existe en muchos otros países. Yo vivo en un pequeño pueblo montañoso en Suiza y a la vuelta de mi casa hay uno de estos programas duales de lengua a nivel preparatoria que funciona de maravilla y en verdad fomenta el bilingüismo.

Por todo esto, soy un fuerte partidario de los programas duales de lengua. También abogo por los programas ordinarios de inmersión en una lengua, siempre y cuando se haga algo para asegurarse de que los chicos usen su otra lengua.

FJ: Me parece que en años recientes la educación bilingüe ha resurgido como un poderoso método de enseñanza. La gente incluso dice que puede ayudar a cerrar la brecha entre los ricos y los pobres. No sé si sea verdad, pero sigo sintiendo que hay una brecha entre quienes consideran la educación bilingüe como una manera de enseñarles inglés a los niños inmigrantes y quienes creen que la educación bilingüe debería ayudarles a preservar su herencia. También hay otro grupo que dice que la educación bilingüe debería ser una manera de enseñarle una lengua extranjera al Estados Unidos monolingüe. ¿Cuál es su opinión respecto a esta problemática?

FG: Me parece que es una pena que confrontemos un enfoque con el otro. Si pudiéramos poner al niño o la niña al centro y pensar en su futuro, estaríamos de acuerdo con lo que dijo el presidente Obama cuando fue candidato presidencial en 2008: «Todo niño en Estados Unidos debería ser bilingüe». Si pudiéramos estar de acuerdo en que saber dos o más idiomas es algo positivo, entonces, sin importar el enfoque, diríamos: «Hagámoslo, ayudemos a estos niños a aprender estas lenguas y a usarlas». Si ese fuera el caso, creo que no tendríamos estas batallas triviales. Pero por supuesto, si el objetivo es el monolingüismo, no hay mucho que podamos hacer.

Sin embargo, si pudiéramos estar de acuerdo en que es bueno saber y usar muchas lenguas o idiomas, me parece que deberíamos hacerlo, deberíamos ayudarnos los unos a los otros sin importar quién se haga cargo. También es un asunto político. Cuando estaba escribiendo este libro, me di cuenta de que a Francia no le emociona mucho el bilingüismo.

FJ: Bueno, ¡a mí sí me emociona mucho el bilingüismo! (Risas)

FG: Bueno, a Francia le emociona el bilingüismo, pero *solo en el extranjero*. ¡Ahí sí es maravilloso! Su política internacional promueve el bilingüismo, pero a mí me gustaría que lo hiciera en su propio territorio. Francia tiene un verdadero problema porque, bueno, permítame decirlo en francés: « *On ne peut pas être français en étant bilingue !* », lo cual es una locura: «Uno no puede ser francés y ser bilingüe al mismo tiempo». A pesar de esto, 20 % de la población usa dos o más idiomas, que, por cierto, ¡es la misma proporción que vemos en Estados Unidos! Fabrice, antes de empezar la conversación, le dije: si pudiéramos importar a Francia lo que ustedes están haciendo aquí, ¡sería maravilloso! Es decir, ¿por qué no?

FJ: La gente está viéndonos, la conversación se está transmitiendo en vivo, ¡así que estoy seguro de que podríamos saludar a quienes están tomando nota de sus comentarios en Francia! (Risas) Antes de escuchar las preguntas de los asistentes, hablemos un poco más de usted. Si la gente quisiera seguir su trabajo, ¿qué necesitaría hacer?

FG: Creo que lo más sencillo sería visitar mi blog en *Psychology Today*, basta con hacer una búsqueda con mi nombre.

FJ: ¿Cuáles son sus proyectos en este momento?

FG: Acabo de escribir la historia de mis padres. Crecí sin conocerlos. Mi padre fue piloto de combate francés durante la guerra, estuvo en Gran Bretaña y fue uno de los pocos soldados afortunados que luchó al lado de Gaulle. Conoció a mi madre y les dio tiempo de tener dos hijos, pero luego nos dejaron con nanas, en hogares de acogida y en internados. Así sucede a veces. Cincuenta años después, pensé: *Debería averiguar quiénes fueron esas personas*, e inicié una investigación para hacerlo.

Mi padre se llamaba Roger Grosjean, lo pueden buscar en Wikipedia. Fue piloto de combate, pero también fue agente doble del MI5, así que, si les gusta James Bond, ¡mi padre fue un agente como él! Aunque no lo fue por mucho tiempo, hizo algo muy especial: fue uno de los pocos que les enviaba a los alemanes información incorrecta sobre dónde serían los aterrizajes en Normandía. La información incorrecta indicaba que aterrizarían cerca de Calais y Dunquerque, y no en Normandía.

Mi padre jugó un papel fundamental, aunque no fue el que él deseaba. Él quería ser piloto de combate, pero en lugar de eso, ahí estaba, escribiéndoles cartas a sus contactos alemanes en Barcelona y dándoles información incorrecta. Luego conoció a mi madre y, prepárense: ¡Existe suficiente evidencia de que la pusieron ahí para que vigilara a mi padre! Las chicas Bond nunca se embarazan, ¡pero mi madre sí lo hizo! (Risas)

FJ: Tengo otra pregunta, ¿alguna vez se ha arrepentido de ser bilingüe?

FG: De cierta forma es una pregunta sencilla de responder porque uno no se arrepiente de ser quien es. Tal vez cuando eres joven, cuando tienes dieciséis o diecisiete, te podrías arrepentir, pero cuando llegas a mi edad, ya no. Somos quienes somos, quienes vivimos con distintas lenguas somos quienes somos y, si en algún punto en nuestra existencia podemos decir: «Así son las cosas, soy quien soy», será la mejor manera de lidiar con el asunto.

No obstante, yo diría que los períodos de transición, como cuando dejé la escuela a los dieciocho y regresé a Francia fueron muy, muy difíciles. Porque no hubo nadie ahí para ayudarme, para acompañarme, escucharme y explicarme por qué todo era tan distinto. Los períodos de transición pueden ser complicados cuando cambias de situación, de país, cuando empiezas a aprender un nuevo idioma y dejas de hablar otro... Ahí es cuando nosotros, como padres, educadores y maestros, necesitamos estar cerca de los chicos que atraviesan esos períodos de transición. Esforcémonos al máximo por ayudarlos y comprender lo que está sucediendo. Si lo explicamos en términos sencillos, lo cual podemos hacer sin duda, para ellos será fácil entender. En resumen, lo que digo es: ¡Ayudemos a estos niños y adolescentes a ser felices y sentirse orgullosos de ser bilingües!

FJ: ¡Muchas gracias, *professeur* Grosjean!

Preguntas y respuestas

P1: Hace poco, en el último año más o menos, en National Public Radio se presentó una investigadora que habló sobre el bilingüismo y mencionó que, según su investigación, la gente bilingüe tenía una mayor capacidad de realizar varias tareas al mismo tiempo, de hacer *multitasking*. De una manera más significativa, desde el punto de vista de la implementación estratégica, dijo que el mejor método consistía en que uno de los cuidadores, que vendría siendo quizás uno de los padres, hablara con el niño en un solo idioma, y que el segundo padre o cuidador solo hablara el segundo idioma. Por lo que entendí, la investigadora argumentó que, sin esta estrategia, los beneficios eran sustancialmente menos, si acaso los había.

FG: El primer punto de la investigadora es correcto. Los niños y los adultos bilingües necesitan cambiar de un idioma al otro, pasar al modo bilingüe, pasar al modo monolingüe. Pueden bloquear su mente, controlar otras tareas. Pueden realizar varias tareas al mismo tiempo, pueden separar actividades distintas, así que la noción de *multitasking* no es incorrecta. En lo que, por desgracia, creo que se equivoca es en que la mejor estrategia sea la de un padre o madre, un idioma (también conocida como OPOL, por sus siglas en inglés: *One parent, one language*). Una excelente investigación realizada por la lingüista belga Annick De Houwer muestra que con OPOL solo tres cuartas partes de los niños en verdad se vuelven bilingües, en tanto que, si se usa un idioma en casa y el otro fuera de casa, el índice de éxito es de 95 %. No estoy diciendo que no debamos usar OPOL, sino que el enfoque de un padre, un idioma conlleva la dificultad de que al idioma minoritario solo lo defiende un padre. La comunidad exterior no defiende el chino, uno no ve en la calle a niños hablando chino, por ejemplo.

En la estrategia de un padre/madre, un idioma, hay un trabajo adicional para el idioma minoritario. Hay que tener cuidado, leer sobre las distintas estrategias, considerar las ventajas y las desventajas, y luego elegir la que le conviene a uno. Podría ser que la estrategia OPOL funcione, ¡y eso es genial! Lo que cuenta al final es que uno tenga un ambiente bilingüe feliz en su familia, o con su niño o niña, y que no haya ningún tipo de rechazo al otro idioma, que no aflore la actitud tipo: «No voy a hablar contigo» que algunos niños adoptan. Porque, de por sí, la situación es difícil para los padres y, en ocasiones, también para sus hijos.

P2: Mencionó que su idioma dominante había cambiado un par de veces y dio el ejemplo de una pregunta que formuló en su primer libro: si los bilingües tenían personalidad dividida. Me da curiosidad saber si ha notado que algún aspecto de su personalidad cambie cuando adopta otro idioma dominante.

FG: Los bilingües a menudo dicen: «Me siento distinto cuando hablo español y cuando hablo inglés», o ucraniano o lo que sea. ¿Pero significa eso que tengan doble personalidad? El argumento que yo y otros hemos presentado durante treinta años, a pesar de que la gente no quiere escuchar, tiene que ver con el principio de complementariedad, que se refiere al uso de distintas lenguas en situaciones distintas, con gente distinta, en contextos distintos. Si usted usa un idioma con el rector de su universidad, será un tipo de lenguaje muy formal, y al hablar en inglés con esa persona usted se sentirá muy distinto a cuando habla, por ejemplo, en francés con su esposa. Entonces dirá: «Cuando hablé con el rector fui una persona distinta a la que fui cuando hablé con mi esposa». Y no, ¡solo cambió de situación! Otra forma de explicar esto es que los monolingües también tienen que cambiar su estilo y nivel de lenguaje cuando pasan de una situación a otra.

Lo que me convenció fue el hecho de que una persona trilingüe me escribió y dijo: «A veces hablo en francés con mi hermana, a veces hablo con ella en inglés, a veces hablo en alemán, pero soy la misma persona». Somos una sola persona. Es solo que, por razones culturales, por razones relacionadas con la situación y por cuestiones de contexto, nos tenemos que adaptar. Nos adaptamos, pero es algo que también hacemos cuando somos monolingües, así que debemos tener cuidado con eso. No estoy diciendo que los individuos bilingües no puedan tener personalidad dividida, pero insisto, los monolingües también pueden tenerla. Solo no diría que todos los bilingües tienen personalidad dividida.

P3: ¿Podría hablar sobre la edad ideal para aprender un idioma? Hay investigaciones que indican que, si un niño aprende un idioma distinto al suyo antes de cumplir los cinco años, será capaz de hablar otros con mayor facilidad a lo largo de su vida. Parece haber otra demarcación justo antes de la adolescencia. Una amiga mía que da clases de alemán a alumnos de séptimo grado dice que ella nota la diferencia entre los niños que ya alcanzaron la pubertad porque aprender alemán les cuesta mucho más trabajo que a los otros niños. En lo que a mí se refiere, estuve expuesta al francés y al italiano antes de la pubertad, y me resulta mucho más sencillo aprender lenguas romances, y mucho más difícil aprender idiomas que no tienen como base el latín.

FG: Ese es otro tema candente en la investigación actual. Hay mucha gente que piensa en estas preguntas, en especial los legos que dicen: «Empieza lo antes posible». Hoy en día existe evidencia de que puedes comenzar a cualquier edad. Hay casos de adultos que se convirtieron en bilingües excepcionales. Joseph Conrad, por ejemplo, uno de los escritores más importantes de la literatura inglesa, no hablaba inglés. ¡Lo aprendió a los dieciocho años! Hay muchos otros ejemplos, por eso pienso que uno debe ser cauteloso y que hay que tomar en cuenta los otros factores que mencioné para asegurarse de que el bilingüismo será exitoso.

Por todo esto, no le apostaría a ninguna edad. Conozco gente que empezó a estudiar inglés a los quince y ahora lo habla sin acento. Es algo en lo que todos estamos de acuerdo: entre más esperes, más difícil será deshacerse del acento extranjero, pero como dije, he conocido personas que aprendieron inglés a los quince y aun así logran hablarlo con un perfecto acento estadounidense. Es un tema candente y no creo que tengamos la respuesta aún.

P4: Tengo una amiga cuya hija estudió para ser pediatra. Me dijo que cuando estuvo en la escuela le enseñaron a aplicar exámenes de idiomas a los niños que iban a su consultorio. Los exámenes consistían en tratar de que el niño hablara. La hija de mi amiga decía que los que eran bilingües tenían un vocabulario más limitado en inglés. Luego estuve en otra situación, estaba enseñando las bases de la educación bilingüe y un estudiante del grupo levantó la mano y dijo: «Mi madre es terapeuta del habla, y aquí en la página de Internet de la American Association for Speech Therapy dice que, si eres bilingüe, es más probable que tengas un impedimento del habla». Al parecer, a los terapeutas del lenguaje y el habla los están entrenando para decirle a la gente que no eduque a sus hijos de manera bilingüe. Todo indica que hay investigaciones opuestas, provenientes de distintas disciplinas. Y entonces, los padres, ¿cómo lidiamos con eso?

FG: ¡Sean valientes! Respecto a la primera pregunta, como los niños usan sus lenguas en distintas situaciones, distintos ámbitos y distintos contextos, podrían tener vocabularios limitados si consideramos las lenguas de manera independiente. Si toda la actividad familiar, en el hogar y en el juego, se lleva a cabo en la lengua o idioma B, y si toda la actividad en la escuela se realiza en la lengua A, naturalmente, los niños van a tener un vocabulario limitado en cada una de las lenguas. Al reunir todos estos vocabularios, sin embargo, se formará uno más amplio. Creo que solo deberíamos dejar eso de lado porque las investigaciones han demostrado que a los niños bilingües les va igual de bien que a los monolingües.

   La otra pregunta es qué hacer con los profesionales que no están en contacto directo con niños bilingües como muchos de ustedes, padres y educadores, lo están, y cómo deshacerse del sesgo monolingüe y de su idea derivada, que ser bilingüe provoca retrasos. Cada vez hay más y más investigaciones que indican que eso es falso. Hay una cantidad similar de niños monolingües con problemas de habla y niños bilingües con problemas de habla. El bilingüismo no genera retrasos en el habla o desafíos al hablar, como se les llama hoy en día. Es falso. Sin embargo, hacerles llegar este mensaje a los pediatras y terapeutas del habla está tomando demasiado tiempo. Lo que necesitamos hacer es salir con buena información y libros de calidad, asegurarnos de que los profesionales los lean, asegurarnos de hablar de ellos, y superar el obstáculo poco a poco. No es posible acabar con el sesgo monolingüe en diez, quince o veinte años. Toma mucho tiempo, pero por suerte, cada vez hay más terapeutas del habla que también son bilingües y piensan de manera distinta porque han aceptado su bilingüismo.

Uno de los obstáculos más importantes para los individuos bilingües es ese: aceptar su propio bilingüismo. He conocido muchos bilingües que son puristas. Primero es necesario hacerles entender quiénes son y luego instarlos a trabajar con esa información. Poco a poco surgirá el verdadero panorama, tomará algún tiempo, pero todos estamos aquí para ayudarle a esa gente a descubrir lo que es el bilingüismo.

P5: Las pruebas representan uno de los mayores problemas en la enseñanza bilingüe actual en las escuelas. Me viene a la mente la prueba nacional estandarizada para las escuelas públicas, pero también pienso en la presión del bachillerato francés en las escuelas privadas. Mi pregunta es, siendo educadores, ¿de qué manera podemos ayudar a los niños y, quizás, a los padres a aligerar su carga, pero también a entender que el inglés es importante? El *baccalauréat français* es esencial, pero también las otras lenguas, en especial las que no se ponen a prueba.

FG: Creo que es una pregunta fundamental porque nos gustaría que los niños fueran felices al usar distintos idiomas y lenguas, pero en algún punto de su vida tendrán que estar en modo monolingüe y comportarse más o menos como monolingües. Deberíamos adoptar un enfoque dual. Una parte consiste en decirles a los diversos consejos examinadores: «Miren, están tratando con un niño bilingüe, entiendan lo que es el bilingüismo, entiendan el principio de complementariedad, sean un poco flexibles porque estos chicos están viviendo su vida con dos o más lenguas». Por otra parte, hay que decirles a los niños poco a poco: «Miren, a veces tendrán que hacer todo en inglés, así que mejorémoslo».

Nosotros, los padres, pasamos horas y horas trabajando en el francés de nuestros hijos, en su lectura y escritura, porque necesitan ese conocimiento, necesitan ser capaces de escribir bien en francés para pasar sus exámenes. Pienso que debemos aplicar ambas acciones y, con suerte, un día llegaremos a una situación que convenga a todos. No debemos olvidar que nuestros hijos, como muchos de nosotros, necesitan estar en modo monolingüe de vez en cuando. Esto, sin embargo, no significa que se deba uno convertir en dos monolingües. Creo que aún queda trabajo por hacer en ese frente.

P6: Mi pregunta es, ¿qué consejo se les debe dar a los padres o educadores respecto al tipo de lengua hablada o escrita, para empezar. Creo que es muy distinto hablar un idioma y tener acceso al idioma escrito. Para nosotros aquí es obvio, pero para muchos inmigrantes no lo es. Y cuando el alfabeto no es el mismo, se complica más la situación, creo que es otro tema importante.

Soy psicoterapeuta infantil y trabajo con niños muy pequeños. En mi experiencia, es muy distinto ser bilingüe por necesidad y porque el bilingüismo forma parte de la dinámica de la familia o de la migración, que tener padres muy sofisticados que hablan dos idiomas distintos en casa, que quieren que su hijo aprenda chino antes de los cuatro años y que contratan a una niñera española. Esta es otra situación porque, en ese caso, la necesidad es muy diferente. En un libro sobre psicoanálisis hay una historia muy bella sobre la Torre de Babel, *la Tour de Babel*. Se trata de cómo expresas algunos sentimientos en un idioma, pero sueñas en otro.

A veces los idiomas están bien integrados, pero en otras ocasiones no, no se trata de una personalidad dividida, solo es una parte de ti que no ha integrado por completo los idiomas. Recuerdo que Roger Federer, el tenista, dijo que cuando él tenía impulsos agresivos hablaba en francés, pero que cuando era amable, pensaba en inglés.

FG: Yo no me atrevería a contradecir a un psicoterapeuta, ¡pero tal vez Federer aprendió a decir malas palabras en francés! Respecto al alfabetismo, creo que lo que necesitamos hacer como padres y educadores es ayudar a nuestros niños a disfrutar del proceso para descifrar la palabra escrita, sin importar cómo esté expresada: en alfabeto romano u otro tipo de escritura. Necesitamos promover la curiosidad de descifrar la palabra a través de la lectura.

Por supuesto, si los alfabetos son los mismos, se producirá lo que se conoce como «transferencia». El niño se dará cuenta de que la operación de lectura funciona de la misma manera en el otro idioma, siempre y cuando el alfabeto sea el mismo. Si no lo es, el niño transferirá poco a poco la idea de que en un idioma se lee de izquierda a derecha, y que en el otro se lee al revés, por ejemplo.

La mayoría de los educadores que trabajan en el bialfabetismo usan esta noción de transferencia. Independientemente del idioma en que comiences, trabajas en el otro más o menos de forma paralela para que, al final, el niño esté consciente de que los idiomas son distintos o tienen distintas escrituras, pero que la lectura, en cualquiera de los dos, es lo mismo: un proceso que implica pasar de un signo visual a conceptos.

La otra pregunta es mucho más difícil. Esto sucede en Francia y en otros países en los que los padres dicen: «Ya no quiero que mi hijo aprenda latín ni griego, ¿por qué no les damos a los niños clases de bretón unos dos años?». Como los padres no hablan bretón, envían al niño a un programa bilingüe como una suerte de ejercicio cognitivo. Lo único que puedo decir es que tal vez podríamos tratar de educar a esos padres un poquito más respecto al bilingüismo y a que no se debe dejar a estos niños varados con sus lenguas y sin ningún tipo de ayuda o necesidad de usarlas. Mis preguntas para los padres serían: ¿Están pensando en la necesidad? ¿Están pensando en el apoyo? ¿Están pensando en la temporalidad? ¿Están pensando en este tipo de cosas, en estas cuestiones fundamentales? Pero ya sabemos cómo son los padres, no tienen tiempo de pensar en nada, por eso creo que el tipo de situación que usted menciona continuará presentándose.

También existe la idea de: «Vamos a buscarles una niñera que hable español y los cuide tres años, les hará bien». (Encoge los hombros.) Y entonces, el niño hablará con su niñero o su niñera en español durante tres años. ¿Y luego qué? Luego los padres se sienten decepcionados porque el español de su hijo o hija desaparece en seis meses, y dicen: «¡Invertimos todo este dinero, tiempo y energía para que hablara en español!». Insisto, es cuestión de educar a los padres, pero es un tema muy delicado. ¿Cómo educar a los padres respecto al bilingüismo y el biculturalismo? Podríamos pasar toda una tarde hablando de eso.

P7: Nuestra hija tiene dos años y medio, y es asombroso como ya dividió la identidad de la familia en el aspecto lingüístico. Cuando cumplió los dos años y medio, dijo: «Papá dice *einz, zwei, drei*; mamá dice *un, deux, trois*; y yo digo *One, two, three*». El inglés está prohibido en casa porque ella toma nueve horas de inglés al día, pero es una lucha cotidiana. El problema es que no todos podemos mudarnos a Suiza. ¿Tiene algún consejo en su libro sobre la manera en que podríamos cambiar a la sociedad para que a los padres y a los niños les sea más sencillo ser bilingües, aunque no tengan dinero?

FG: ¡Es una pregunta muy agresiva! ¡Yo solo soy un ciudadano! Algo que he dicho con frecuencia en mis escritos es que la mayoría de los países tienen un activo fantástico en sus idiomas y lenguas. Desearía que los países los aceptaran de manera oficial y permitieran que la gente fuera bilingüe, trilingüe o tetralingüe. Pero como usted sabe, debido a la historia de la nación-estado, a una cultura y a un país les corresponde un solo idioma. Pocos países han desarrollado la idea de que está bien ser bilingüe, trilingüe o tetralingüe.

Le envié uno de mis libros al primer ministro de Francia porque es tetralingüe, habla catalán, español, francés e inglés. No tuvo tiempo para responder, pero su *chef de cabinet* me escribió diciendo: «Usted le simpatiza mucho al *Premier Ministre*, su libro le gustó mucho, siente que se debería fomentar y apoyar el bilingüismo». Enmarqué la carta y me dije: «Este es el principio», esta es la manera en que un país reconocido por su monolingüismo empezará a cambiar su enfoque.

Cuando Obama dijo que todo niño estadounidense debería ser bilingüe, fue un momento muy importante. Creo que todo lo que están haciendo aquí, en Nueva York, es adecuado, solo necesitan continuar y seguir presionando para hacer comprender a otros que ser bilingüe no significa que uno sea «no-estadounidense». Solo porque uno siente que tiene en sí un mosaico de culturas, estadounidense y francesa, por ejemplo, no significa que uno no sea francés o no sea estadounidense. Uno puede ser la suma de varias culturas e idiomas, y seguir siendo un buen ciudadano. Es lo que más nos espanta, ¿no? Tenemos que ser cuidadosos.

Me parece que debemos continuar trabajando y, quizás algún día, la mayoría de los niños en casi todos estos países crecerá sabiendo varias lenguas e idiomas. También deberíamos seguir el ejemplo de muchos países africanos en los que hablar tres o cuatro lenguas es normal. ¡Muy normal! Tanto, que cuando uno tiene que ir al pueblo de junto a buscar cónyuge, la búsqueda será, por supuesto, en otra lengua. También necesitamos aprender de esos países.

P8: Tengo dos preguntas. Mi pregunta teórica es si podría usted hablar sobre alguna de sus obras o de obras con las que esté familiarizado, en las que se tome en cuenta la base neurocientífica subyacente de alguno de los principios que ha mencionado, como el de complementariedad. Mi segunda pregunta es más práctica. Actualmente trabajo como neurocirujano residente en un hospital cercano, así que, por desgracia, rara vez veo a mis niños pequeños en casa y, también por desgracia, soy el padre que habla francés en nuestro modelo «un padre, un idioma». Mi hija de seis años es bilingüe. Mi hijo de tres ya me entiende en francés, pero por ninguna razón se expresa en este idioma, y me pregunto si tendrá alguna recomendación sobre cómo podría acelerar el proceso.

FG: Ya escuchó lo que dije, así que solo pienso añadir algo. Se sabe que los hermanos están incluso menos dispuestos a «jugar el juego» con sus padres, por decirlo de alguna manera. Así que, teniendo una hermana mayor con quien tal vez hable inglés, un padre que no ve con mucha frecuencia, y tal vez tomando en cuenta que el francés no llega mucho a casa… creo que usted ya lo explicó muy bien. Piense en la manera de crear para su hijo la necesidad de hablar francés. En cuanto a los aspectos neurológicos, pues hemos hablado sobre una revolución bilingüe. Actualmente también se está forjando una revolución neurolingüística, pero yo no escribo mucho respecto a eso porque es algo demasiado nuevo. Hace algunos años, unos diez o quince, no había técnicas de radiología, y se decía que el hemisferio izquierdo era para la segunda lengua, y que el hemisferio derecho era para la primera. Ahora, en cambio, con las técnicas sofisticadas que hay, se está desarrollando una ciencia nueva y se están logrando ciertos avances, pero no hay todavía resultados en abundancia. Yo trato de cubrir este tema, pero sigue siendo una ciencia muy nueva, se ha desarrollado la tecnología y la ha vuelto interesante. Si alguien logra resolver todos estos problemas que acompañan la radiología del cerebro y que usted conoce mucho mejor que yo, como los umbrales, lo que cuenta y lo que no, cuál área se activa y cuál no… Es un campo difícil y creo que necesitamos esperar un poco antes de que surja algo sólido en verdad.

P9: ¿Es posible cuantificar la cantidad o índice o frecuencia de exposición a la lengua que se necesita en la primera infancia para adquirir una base que le permitirá a uno tomar la decisión de si quiere seguir hablando ese idioma, o no, más adelante en la vida? En conjunto, mi esposa y yo hablamos cuatro idiomas. Nuestro hijo tiene dos años y medio, y está expuesto a todos esos idiomas de forma cotidiana, pero en distintos grados, y me preocupa mucho que pierda uno de ellos en particular, mi primer idioma, porque es el idioma al que menos está expuesto.

FG: ¡Planeación familiar! ¡Planeación familiar! Algún día me gustaría ser su niñero para que usted pueda salir a cenar con su esposa y decir: «Necesitamos hablar sobre qué idiomas queremos que hable la familia». Porque con cuatro podría resultar difícil hasta cierto punto. Necesitan preguntarse cómo podrían fomentar cada uno de ellos. Por cierto, con frecuencia he dicho bilingüe o multilingüe porque conozco familias que manejan tres idiomas. No es un gran problema, pero digamos que se aseguran de que las situaciones sean distintas en cada uno, que haya momentos en la semana, momentos durante el día, en que se fomente cada idioma de la manera que este lo necesite. Eso es lo que tiene usted que solucionar. Con base en las preguntas que surgieron, cuánta participación, en qué situación, cuál será nuestra estrategia, qué apoyo tendremos del exterior, cuál abuelo está disponible... ¡Los abuelos son geniales! Ayudan con un idioma durante medio día o un día entero, ¡y sin cobrar! Solo hay que alimentarlos. (Risas) Todo es cuestión de planear el idioma para el tipo de familia que usted describió.

Dos conversaciones con Ana Inés Ansaldo

La profesora Ansaldo tiene un doctorado en Ciencia biomédica y un entrenamiento posdoctoral, ambos de la Universidad McGill. Da clases en la School of Audiology and Speech-Language Pathology de la Universidad de Montreal y es directora del Laboratory of Brain, Communication and Aging Plasticity del área de investigación del Graduate Institute of Geriatrics of Montreal. Es miembro de la Academy of Aphasia y colabora con el World Council for Brain Health (GCBH), la ARDSI (Indonesian Society for Alzheimer's Disease and Related Diseases) y varias organizaciones nacionales e internacionales sin fines de lucro. Entre los reconocimientos que le han otorgado se encuentran el premio especial del Institute of Aging de los Canadian Institutes of Health Research (CIHR), el Premio Venezia, el premio de excelencia en la investigación clínica de la Association des Établissements de Réadaptation en Déficience Physique du Québec (AERDPQ), el premio a la excelencia del Lucie Bruneau Rehabilitation Center y el premio a la excelencia del Royal Bank of Canada.

Su investigación se enfoca en los mecanismos de la plasticidad cerebral involucrada en el procesamiento del lenguaje, en especial en el contexto del envejecimiento. Ana Inés combina la imagen por resonancia magnética funcional con herramientas de la neuropsicología cognitiva y las ciencias de la comunicación para estudiar los mecanismos de neuroplasticidad que facilitan la recuperación de las habilidades del lenguaje que con frecuencia se ven interrumpidas por un derrame cerebral o por demencia.

Hace algún tiempo tuve la fortuna de convivir un poco con Ana Inés Ansaldo, quien amablemente me visitó con su esposo en Willsboro, en el hermoso lago Champlain, donde me encontraba trabajando en mi libro, *La revolución bilingüe*. Más adelante la entrevisté para el podcast *The Bilingual Revolution* y luego la invité a ofrecer una conferencia en la Quinta feria de la Educación bilingüe de Nueva York. Desde entonces, gracias a ella he aprendido mucho sobre el envejecimiento del cerebro, uno de sus temas principales de investigación. Permíteme contarte un poco al respecto.

El trabajo de Ana Inés nos muestra que los individuos bilingües pueden resolver problemas sin necesidad de usar ciertas áreas del cerebro que son en particular proclives al envejecimiento. Se ha dado cuenta de que, al contrario de los individuos monolingües, la gente bilingüe tiene mayor flexibilidad mental, lo que significa que es más hábil para cambiar de estrategia al resolver problemas. Asimismo, su investigación muestra que la materia blanca y la materia gris se preservan mejor en los individuos bilingües que en los monolingües.

En resumen, hablar de manera regular dos lenguas o más hace que envejezcas más lento. Esta es la razón por la que Ana Inés desarrolla de manera constante proyectos que mantienen a la gente mayor activa en distintas lenguas o idiomas, lo cual tiene un efecto positivo en su bienestar general. Por todas estas razones, el impacto del bilingüismo en la neuroplasticidad podría considerarse una especie de seguro médico para protegerse del declive cerebral relacionado con el envejecimiento.

Los misterios del cerebro bilingüe

Podcast The Bilingual Revolution, *episodio 2: Les mystères du cerveau bilingue.*
Nos referiremos a los participantes como 'FJ' (Fabrice Jaumont) y 'AIA' (Ana Inés Ansaldo).

En esta primera conversación con Ana Inés Ansaldo exploraremos el cerebro de la gente bilingüe y comprenderemos lo que sucede en nuestros lóbulos frontales. La investigación de la profesora Ansaldo sobre las habilidades de los individuos bilingües ha demostrado que el cerebro de las personas que hablan dos idiomas a lo largo de su vida es más resistente a las enfermedades del envejecimiento.

FJ: Ana Inés, ¿podrías por favor presentarte y contarnos sobre tu viaje en el multilingüismo?

AIA: Claro, mi nombre es Ana Inés Ansaldo. Soy profesora e investigadora de la Facultad de Medicina de la Universidad de Montreal, trabajo en el Departamento de patologías del habla y el lenguaje, y audiología. Soy investigadora del centro de investigación del Instituto Universitario de Geriatría de Montreal, donde tengo un laboratorio para estudiar la plasticidad cerebral, la comunicación y el envejecimiento. Estoy muy interesada en el bilingüismo y en su impacto en la cognición y el cerebro. Mi viaje en este tema comenzó con una experiencia personal, ya que nací en Argentina y mi lengua materna es el español. Al igual que muchos argentinos, vengo de una familia de origen italiano, pero también tengo herencia vasca. Como en Argentina hay muchos inmigrantes, crecí escuchando y hablando un poco de italiano. Asimismo, desde muy pequeña tuve una conciencia bastante amplia de las lenguas. Empecé la escuela en español e inglés, estuve expuesta al inglés desde la etapa previa al jardín de niños. Mis padres valoraban mucho la educación, es algo que tengo que agradecerles. Les gustaban los idiomas, y estoy segura de que eso influyó en mí. En mi hogar había una actitud muy positiva respecto a las lenguas en general, así que escuchábamos música en varios idiomas y eso dejó una marca indeleble en mí. Después de algunos sucesos más en mi vida, cobré conciencia de la importancia del lenguaje y la comunicación. Mi abuelo tuvo un ataque cerebral cuando yo tenía unos siete u ocho años. Era pequeña y curiosa, y no entendía por qué después de eso ya no pudo hablar bien. Me di cuenta de su incomodidad y eso me dolió mucho, así que traté de entender qué sucedía. Terminé estudiando terapia del habla para entender mejor el lenguaje. Y así fue como empezó mi carrera.

FJ: Entonces este drama familiar tuvo un efecto positivo de alguna manera, fue lo que condujo tu investigación, ¿cierto?

AIA: Pues empecé a trabajar enfocándome en el problema de la afasia, es decir, dificultades del lenguaje en gente que ha sufrido apoplejías u otras enfermedades del cerebro. Luego trabajé con la afasia bilingüe. Es curioso, pero ese fue el tema de mi primer ensayo científico, el cual escribí hace mucho tiempo, cuando estaba en Argentina. El documento se basó en un caso de afasia bilingüe. Se trataba de un hombre argentino que aprendió el inglés ya tarde en su vida, pero lo hablaba a la perfección porque había estudiado en la Universidad de Berkeley. Veinte años después de sus estudios sufrió un ataque cerebral en Argentina y notamos un fenómeno muy peculiar: *code switching* patológico. Es decir, el hombre cambiaba de un idioma al otro sin desear hacerlo y, además, no podía controlar la «producción» de ninguno de los dos. Por ejemplo, empezaba una oración en español y la terminaba en inglés. Esto, por supuesto, generaba problemas porque no todos entendían inglés, pero también lo estresaba mucho. Estudié la situación y encontré una manera de volverla positiva. En ese entonces nos decían que teníamos que rehabilitar a la gente, o sea, teníamos que elegir una de las lenguas, pero yo me negué y dije: «No, un bilingüe es algo más que dos monolingües». Como también dice François Grosjean, un bilingüe es un bilingüe. Si tratamos de eliminar una de las dos lenguas, bueno, sería como quitarle una pata a una mesa. Al final, no funcionará.

Con este señor hicimos algo distinto. Le dije que no inhibiera el inglés cuando llegara: «Diga la frase y luego trate de traducirla». Le dije que tradujera cada vez que surgiera el inglés y, de esta manera, pudo volver a su lengua objetivo, el español. Como mejoró muchísimo, hicimos un estudio y más adelante publicamos los resultados. En este estudio mostramos que las dos lenguas mejoraron y que el paciente logró comunicarse muy bien. Así fue como llegué al bilingüismo.

Luego, con el paso de los años, empecé a interesarme en los efectos del bilingüismo en el cerebro porque pensé: *Uno se esfuerza mucho cuando aprende una lengua o cuando migra.* Lo sabía porque yo me había reubicado en Canadá y cuando llegué no hablaba francés, lo había estudiado un poco en la escuela, pero no lo hablaba. Decidí que quería volver a estudiarlo, que haría mi doctorado en la Universidad de Montreal porque las clases eran en francés. Ahí sentí el esfuerzo que hacía al tratar de funcionar todo el tiempo en un idioma que no me pertenecía, que no hablaba con fluidez. Por las noches estaba exhausta, sobre todo porque había pasado todo el día tratando de expresar ideas complejas en francés. Por otra parte, estaba mi hija, que tenía seis años cuando decidí que emigraríamos a Canadá, pero que empezó a hablar francés a los cuatro porque la inscribí en el *Lycée français* en Argentina. Cuando llegamos a Canadá, hablaba francés tan bien que me corregía todo el tiempo. Para ella no era un esfuerzo, pero para mí sí.

Fue entonces que pensé: *De acuerdo, tengo que estudiar esto más, estudiar los distintos mecanismos que operan cuando hablamos en una lengua que no es la materna.* Hablar una lengua, ¿qué beneficios le aporta a la cognición en general? ¿Y al cerebro? ¿Y a la manera en que el cerebro funciona? Ese sería mi viaje. Este tipo de investigación continúa siendo parte de mi vida diaria. Me parece que es una esfera de estudio emocionante, empezó hace veinte años y desde entonces ha habido mucho debate y se han desarrollado muchas investigaciones. El público en general se ha interesado también, lo podemos percibir en la actualidad. Me parece que también estamos atravesando un momento histórico debido al aumento de la globalización y al hecho de que las nuevas generaciones son muy abiertas a otras culturas. Todo esto genera una inercia extraordinaria para el asunto del bilingüismo.

FJ: ¿Podemos explorar un poco más sus ventajas y desventajas?

AIA: Por supuesto. En el contexto de los estudios empezamos a trabajar en el nivel comportamental, es decir, estudiamos y comparamos a niños y adultos bilingües en tareas que exigían enfocarse en información específica e ignorar sucesos que estaban teniendo lugar de manera simultánea. Varias tareas permiten medir la atención, es lo que llamamos «tareas de atención dividida» o «control de la atención». Vimos que, en general, los bilingües tenían tiempos de respuesta menores y cometían menos errores. Esto lo constatamos en todos los grupos: niños, adultos y gente mayor. La hipótesis que presentamos en ese momento fue que, cuando eres bilingüe, te ves forzado a inhibir la lengua que no está siendo utilizada en el contexto actual. En este momento, por ejemplo, tengo que inhibir el español y luego el inglés y el italiano para poder enfocarme en el francés y hablarlo. Este ejercicio de inhibición a veces es muy exigente porque, si te encuentras en un ambiente en el que varios interlocutores hablan distintas lenguas, o si tienes que cambiar de una a la otra, gastas mucha energía y te esfuerzas de manera constante. Un ejercicio de este tipo da como resultado beneficios cognitivos.

FJ: A final de cuentas, ¿qué sucede en el cerebro?

AIA: Yo utilizo una herramienta llamada Imagen por resonancia magnética funcional, IRMf (o fMRI por sus siglas en inglés), la cual, para ponerlo de manera simple, nos permite examinar la actividad cerebral. Le pedimos a la gente que realice una tarea cognitiva en el interior de este aparato que es como en el que se hace la tomografía computarizada. Mientras el sujeto está recostado, proyectamos imágenes y él o ella tiene que resolver problemas presionando botones o diciendo palabras. En ese tiempo, gracias a esta maravillosa tecnología, a los fenómenos del cerebro y al cambio en las concentraciones de oxihemoglobina, la sustancia que se produce cuando usamos el cerebro, podemos calcular divergencias en la activación en distintas regiones y saber qué se está usando y qué no. También podemos ver los circuitos, es decir, no solo observamos las áreas que trabajan de manera aislada, también vemos grupos de áreas que se conectan de manera simultánea para realizar una tarea. Es fabuloso. Suena como ciencia ficción, pero es una extraordinaria mezcla de ciencia y matemáticas. Digamos que es ciencia computacional. Como esto se hace por medio del estudio de las redes, podemos comparar las de los bilingües y los monolingües mientras realizan distintas tareas.

Esto lo descubrimos empezando con la gente mayor porque hay un proceso natural de declive cognitivo que tiene lugar cuando envejecemos. Sin embargo, es importante entender que no es una enfermedad: no deberíamos confundir el envejecimiento con las enfermedades que se relacionan con él. Queríamos ver si había algo distinto, teníamos hipótesis. Pensábamos que tal vez los circuitos responsables de apoyar estos procesos de atención dividida serían

más robustos en las personas bilingües porque ellas los han
practicado toda su vida. Si hiciéramos una analogía con el
entrenamiento muscular, podríamos hablar de los ejercicios
abdominales. Nuestros músculos se fortalecen y, por lo tanto,
envejecemos mejor. Quizá sea una analogía simplona, pero nos
sirve para explicar lo que sucede. Después de este estudio
examinamos a personas mayores bilingües y monolingües
realizando una tarea específica. Se trata de un juego de los años
ochenta llamado *Simon Task* (tarea de Simon) que se puede
encontrar sin dificultad en Internet si quisieran probarlo. En este
juego mental tienes que enfocarte en el color de un cuadrado que
aparece y oprimir un botón del lado izquierdo cada vez que veas el
color azul. El problema es que el cuadrado puede ser azul o
amarillo, y puede aparecer del lado izquierdo o el derecho. Por esta
razón, la tarea es sencilla cuando el color aparece del mismo lado
del botón que tienes que oprimir, pero cuando aparece del lado
contrario, tienes que inhibir la tendencia natural a oprimir el botón
de ese lado. Lo que está operando aquí es el proceso de la atención
dividida o control de la atención, y eso fue lo que medimos. Luego
observamos las activaciones del cerebro y vimos que sucedía lo
mismo en los adultos mayores monolingües y en sus contrapartes
bilingües, e interpretamos esto como que ambos eran igual de
eficientes en este ejercicio. No obstante, el cerebro no estaba
haciendo lo mismo. Los individuos monolingües necesitaban
utilizar regiones en los lóbulos frontales que, además de ser
importantes, son en particular vulnerables al envejecimiento: las
cortezas frontales. Todo esto para decir que la mayoría de los
monolingües tiene que usar estas regiones, pero los bilingües no.
Los bilingües realizaron la tarea activando una parte del cerebro
que procesa los colores. Esto quiere decir que recibieron la
instrucción: «Concéntrate en el color», y el hecho de que hubiera
interferencia con la ubicación en la pantalla no los incomodó.
Entonces pensamos: *Ah, esto es muy interesante.* Se ha demostrado
que el cerebro de los bilingües y el de los monolingües no hace
exactamente lo mismo: los bilingües gastan menos recursos de la
atención. A medida que envejecemos, la atención dividida sufre un
poco porque hay regiones en los lóbulos frontales que son

vulnerables al envejecimiento. Por eso, el hecho de que los bilingües no necesiten usarlas es una ventaja, significa que puedes continuar viviendo incluso si padeces de una enfermedad de poca importancia en los lóbulos frontales: ni siquiera sería detectada. Tal vez esto explique otros estudios que realizaron ciertos colegas en la India en un principio, y que luego se hicieron en otros lugares. Estos estudios muestran que en los individuos bilingües los síntomas del declive tardan más en aparecer. No quiere decir que la enfermedad llegue después, no, el padecimiento está ahí, pero no se manifiesta porque no necesitamos hacer uso de esas regiones. Podríamos decir que el cerebro ha desarrollado otros circuitos que permiten poner en marcha un plan B. En efecto, el cerebro tiene un plan B, así que, si hay una dificultad en los lóbulos frontales, puede gestionar los conflictos entre la información por medio de su asignación a circuitos que no han sido afectados para que lidien con ellos.

FJ: Resulta reconfortante saber que el cerebro de los bilingües tiene un plan B para defenderse de la demencia y de enfermedades relacionadas con el envejecimiento como Charcot, Parkinson o Alzheimer. Pero entonces, ¿cuáles son las diferencias significativas en el mapeo del cerebro humano de los bilingües y los monolingües?

AIA: Lo que hemos visto es que en el cerebro monolingüe muchas áreas trabajan en conjunto. Algunas son muy específicas, otras no tanto. Para realizar una tarea, todas se unen y pedalean en la misma dirección. En los bilingües hay dos áreas hiperconectadas que se unen y llevan a cabo la tarea. Esto significa que hay una economía de esfuerzo cerebral, lo cual resulta fascinante.

FJ: El bilingüismo o la habilidad de comunicarse en más de una lengua o dialecto es, en sí, un fenómeno fascinante que puede estudiarse desde la perspectiva de distintas disciplinas. Debido a la creciente disponibilidad de técnicas de neuroimagen, la investigación en las ciencias cognitivas se ha vuelto más compleja. Sin embargo, la investigación médica, neuropsicológica y neurofisiológica del cerebro bilingüe se ha realizado durante mucho tiempo. Los neurólogos empezaron a examinarlo a principios del siglo veinte y, desde entonces, los temas que se han abordado con más entusiasmo han sido la plasticidad y la organización cerebral de la cognición bilingüe. Para motivar a nuestros escuchas a continuar su práctica lingüística, ¿qué nos podrías decir sobre la experiencia de aprender una lengua o idioma, y de hablar más de uno?

AIA: Estamos estudiando a quienes se volvieron bilingües ya tarde en la vida, como yo y otras personas. Nuestro objetivo es ver qué sucede en el cerebro. Sospechamos que nuestra hipótesis podrá ser confirmada porque el esfuerzo de producir dos lenguas es aún mayor en quienes se vuelven bilingües más tarde que en quienes lo hacen siendo más jóvenes. Si los beneficios del bilingüismo provienen del esfuerzo que se hace para manejar dos lenguas que están compitiendo todo el tiempo, entonces quienes se vuelven bilingües a una edad más avanzada tienen una ventaja porque el esfuerzo es más importante cuando aprendes siendo mayor.

FJ: Esa es una buena noticia para la industria de la enseñanza de idiomas porque cualquiera que escuche este *podcast* podría decir: «Voy a empezar a aprender japonés o italiano, y quizá eso le añada algunos años de salud a mi vida».

AIA: Así es. Lo que dices resulta gracioso porque en este momento estamos haciendo un estudio de este tipo. La pregunta es: ¿qué método de aprendizaje de lengua sería el más eficaz? Los investigadores tendrían algo que decir en este sentido, pero una vez más, ¿cómo vamos a diseñar este método de enseñanza? ¿Qué tipo de ambientes de aprendizaje serían los más eficaces para «desencadenar» el aprendizaje de la lengua?

FJ: ¿Quieres decir para activarlo?

AIA: Sí, para activar los procesos. Tenemos hipótesis porque ya hemos realizado estudios piloto con los mejores métodos e incluso hay estudios recientes que, por ejemplo, muestran los beneficios del método de inmersión en una lengua.

FJ: La inmersión, sí, por supuesto.

AIA: La inmersión en una segunda lengua es algo muy positivo como experiencia para este tipo de mejoramiento cognitivo porque no se trata solo de la persona que aprende sola con su computadora. En la inmersión tienes que interactuar, lo cual es fabuloso.

FJ: ¿Ser bilingüe tiene alguna desventaja?

AIA: Yo diría que hay desafíos significativos. En primer lugar, cuando empiezas a aprender una segunda lengua o idioma, seas niño o adulto, tienes que hacer un esfuerzo, un esfuerzo cognitivo sustancial. Es como cuando empiezas a entrenarte en el aspecto físico. Al final, es difícil, muy difícil. Ahora imagina qué sucede cuando hay inconvenientes adicionales, por ejemplo, las dificultades lingüísticas en el caso de niños que se están desarrollando y tienen desórdenes del desarrollo del lenguaje. Puede ser un verdadero desafío. Por otra parte, también se ha demostrado que estos desórdenes no afectan más la adquisición del lenguaje. Antes solíamos decir: «Ah, no, no, no. Si el niño tiene un retraso en el lenguaje, tenemos que elegir solo una lengua». En la actualidad ya no decimos eso. Ahora pensamos que se puede educar a un niño bilingüe incluso si hay un retraso en el lenguaje. Este mito es terrible, pensar que los niños con este tipo de dificultad no pueden aprender una segunda lengua. Elin Thordardottir, una colega de la Universidad McGill ha realizado algunos estudios y ha demostrado de manera contundente que eso no es un obstáculo. Para hacer otra analogía con el aspecto físico, yo diría que hacer malabares con tres pelotas es un poco más complicado que hacerlos con dos, sin embargo, el cerebro puede lograrlo, es cuestión de práctica. Por lo que sabemos, ser bilingüe no tiene desventajas, pero, por supuesto, hay que hacer un gran esfuerzo.

FJ: Así termina nuestra entrevista con Ana Inés Ansaldo. Aunque aún se encuentra en una etapa incipiente, la investigación es muy prometedora y alentadora en cuanto a nuestro aprecio por las lenguas. En especial, la pregunta de si aprender una lengua o idioma es bueno para nuestra salud mental y si mejora nuestra vida a medida que envejecemos.

Los beneficios del cerebro bilingüe

Quinta Feria de la Educación bilingüe de Nueva York, 3 de noviembre de 2018.
Nos referiremos a los participantes como 'FJ' (Fabrice Jaumont) y 'AIA' (Ana Inés Ansaldo).

FJ: Muchas gracias por acompañarnos esta tarde. De hecho, es muy pertinente reunirnos este fin de semana, antes del maratón y la elección. Ser bilingüe es más que solo aprender idiomas. Ser bilingüe debería ser la nueva norma, es algo a lo que todo niño debería tener acceso. Ser bilingüe es un regalo que continúa dando, no solo durante la niñez, sino a lo largo de toda la vida. Ana Inés, ¿podrías presentarte, decirnos de dónde eres y cuál es tu vínculo con el bilingüismo?

AIA: Gracias por invitarme, es un placer estar aquí. Soy profesora e investigadora en la Universidad de Montreal. Trabajo en la neuroplasticidad y las trayectorias del desarrollo cerebral debido al impacto de distintos factores a lo largo de la vida, entre ellos el bilingüismo. He pensado mucho respecto a mi vínculo con este campo y creo que comenzó cuando era niña, en Argentina. Yo diría que Argentina es un país monolingüe en esencia. Sin embargo, como 85 % de la gente desciende de inmigrantes, todos tenemos un abuelo o abuela, o bisabuelo o bisabuela que viene de otro lugar, lo cual era muy apreciado cuando yo era niña. Todos tratamos de aprender un poco sobre la cultura y el idioma que hablaban nuestros antecesores cuando llegaron a Argentina. En mi caso, la familia viene del norte de Italia y del País Vasco. Por eso me interesé en este tema y tuve la oportunidad de obtener una educación bilingüe. Aprendí inglés cuando era niña y jugaba tanto en inglés como en español. Recuerdo que cuando regresaba a casa de la escuela, a veces jugaba a que era maestra y daba instrucciones en inglés. Más adelante, cuando decidí asistir a la universidad, me interesé en las ciencias de la comunicación y entré al programa de patología del habla y, a partir de ese momento, mi interés en los idiomas y la comunicación no dejó de aumentar. Empecé a trabajar con gente que tenía afasia, un trastorno del habla debido a daño cerebral, y en algún momento conocí a un señor que tenía afasia bilingüe. Era argentino y había venido a estudiar a Berkeley. Hablaba el inglés con mucha fluidez, pero tuvo un derrame cerebral y eso lo llevó a mi clínica. En esa época yo solo estaba realizando trabajo clínico, así que la manera en que el hombre mezclaba los dos idiomas y su incapacidad para controlar el habla me cautivó. Por esta razón desarrollé una terapia que tenía como objetivo considerarlo bilingüe y no tratar de rehabilitarlo solo en un idioma o en el otro porque para mí era evidente que el bilingüismo no constituía la existencia de dos individuos monolingües en un solo cerebro. Diseñé un procedimiento que fue publicado y en el cual se usan los dos idiomas para rehabilitar a la persona, lo cual mejora ambos a final de cuentas y también tiene un impacto favorable en la comunicación porque evita su interrupción. En resumen, yo diría que todo esto ha influido en mi trayectoria. Cuando decidí estudiar un doctorado en la Universidad de Montreal, pensé: *De acuerdo, ¡lo voy a hacer en francés!* Había estudiado un poco de francés en la secundaria y quería aprenderlo bien. Pude haberme inscrito en la Universidad McGill y realizar mi doctorado en inglés, pero pensé: *No, aprovechemos esta oportunidad para aprender otro idioma.* Así que fui a la Universidad de Montreal y fue algo importante porque todos los días sentía el desafío de aprender en un tercer idioma. El nivel de doctorado no es trivial, así que tuve que esforzarme, pero sentía una especie de transformación en mi mente y en mi comportamiento que iba más allá del número de palabras que estaba aprendiendo. Luego hice un posdoctorado en la Universidad McGill, y pensé: *De acuerdo, esto también lo tengo que ver desde la perspectiva cerebral, no solo desde la perspectiva del comportamiento.* Y así es como he estado trabajando en esto hasta ahora, durante unos quince años, diría yo: observando la forma en que el comportamiento y el cerebro se correlacionan con el bilingüismo, sobre todo en los adultos mayores, pero también me he interesado en los niños, y ahora que también soy abuela y tengo tres nietos que hablan francés, inglés, español y persa, estoy muy interesada en este tema por supuesto.

FJ: Entonces fue en realidad una historia personal que luego transformaste en un proyecto de investigación, y ahora eres experta en el cerebro bilingüe. No sé si debamos resumirlo de esta manera, pero ¿podrías decirnos qué es el cerebro bilingüe y qué sucede en el cerebro de una persona bilingüe?

AIA: En primer lugar, si observas lo que sucede cuando hablamos más de un idioma o lengua, verás algo que sucede en nuestro comportamiento, el cual tiene un impacto en nuestro cerebro porque es un órgano muy plástico, digamos, y todo lo que hacemos en la vida, en nuestra trayectoria y experiencias, tiene impacto en él. El bilingüismo es uno de muchos factores que tienen un efecto en el cerebro. Cuando hablamos más de un idioma... en este momento estoy hablando inglés, por ejemplo, pero también tengo mi lengua materna que es el español, y mi francés, que se ha fortalecido mucho porque llevo veinticinco años viviendo en Montreal y porque vivo y enseño en francés. Estos tres idiomas surgen todo el tiempo, incluso cuando debo enfocarme solo en uno, como en el inglés en este caso. Los otros dos se activan de manera constante y están tratando de entrometerse en lo que digo. Tú escuchas mi acento, tengo una mezcla de acentos y debo controlar eso de alguna forma, la cual consiste en echar a andar mi función ejecutiva, una habilidad cognitiva muy importante que usamos en la vida diaria. La función cognitiva involucra a la atención y al enfoque de la atención, e implica inhibir información que no es relevante hasta cierto punto. Los individuos bilingües utilizan su función ejecutiva todo el tiempo, esto es muy importante porque este ejercicio tiene un impacto en nuestra forma de actuar y en nuestro cerebro. Lo que sucede a un nivel de comportamiento es que los bilingües de todas las edades, y desde que son muy pequeños, aprenden a filtrar y descartar información que no es relevante para la situación presente, y para hacerlo necesitan aprender a captar las señales más relevantes de un ambiente específico. Esto es maravilloso, no solo cuando eres niño porque entiendes las situaciones con mayor rapidez, sino también cuando eres adulto porque el proceso forma parte de lo que llamamos habilidades sociales y de comunicación. Esto es algo que la gente valora y solicita cada vez más cuando se trata de dar acceso a puestos muy importantes porque la comunicación es la clave de todo lo que hacemos.

FJ: ¿Podemos decir que ser bilingüe te da superpoderes? ¿Son ciertos los artículos que salen en las noticias más o menos una vez a la semana y que dicen que los bilingües son mejores en matemáticas y en música, y que son mejores en esto y aquello?

AIA: No me gusta esta noción porque no se trata de que algo sea «súper», sino de que el cerebro cuenta con este potencial, y que el bilingüismo, al igual que otras cosas que podemos hacer en la vida, como la música, de alguna manera le permite al cerebro experimentar estos poderes. Es cierto que, de manera general, los niños bilingües son mejores en matemáticas y en las habilidades de comunicación, y esto sucede debido a lo que comenté anteriormente. Los bilingües pueden ir directo al grano, no se distraen con las señales del ambiente y, por supuesto, la atención y su enfoque son habilidades muy importantes para el aprendizaje en general, así que no resulta sorprendente. No le habíamos prestado atención a esto, pero ahora lo observamos de manera sistemática y también estamos examinando lo que sucede en el cerebro. La correlación entre el cerebro y estos «poderes» es muy interesante. Hemos observado lo que sucede cuando aprendes un nuevo idioma de forma intensiva y descubrimos que, incluso si solo lo estudias algunos meses, se presentan cambios en tu materia gris. La materia gris es muy importante en tu cerebro, hay zonas específicas que son esenciales para decodificar información compleja, y al analizar información la materia se engrosa debido al aprendizaje. Un grupo llevó a cabo en Alemania un estudio que involucraba a gente que se unió a una aerolínea de ese país y tuvo que recibir entrenamiento muy intenso en alemán. A unos colegas míos en Alemania se les ocurrió la excelente idea de medir la materia gris antes y después del entrenamiento de este grupo, y descubrieron que la adquisición de palabras nuevas en alemán había incrementado la materia gris de su cerebro. Sin embargo, uno puede decir: «De acuerdo, hay incremento en la materia gris, pero ¿cómo afecta eso el comportamiento?». Cuando observas lo que sucede con el envejecimiento te das cuenta de que tiene un impacto porque una de las cosas que suceden cuando envejecemos es que perdemos materia gris. Así que, si tenemos una especie de reserva, una suerte de provisión de materia gris, esta nos puede ser útil cuando envejezcamos. También hemos hecho bastante investigación respecto a este tema. Un colega en la India mostró que, incluso si la gente se enferma de algo como, digamos, Alzheimer, la expresión de los síntomas de la enfermedad se presenta entre cinco o seis años más tarde en el caso de los individuos bilingües porque podemos aprovechar nuestra reserva neuronal. Podrías decir, de acuerdo, cinco o seis años no es gran cosa, pero de hecho sí lo es porque modifica muchísimo la calidad de vida de una persona. Esto quiere decir que los impactos del bilingüismo se operan a lo largo de la vida de los individuos. La materia blanca también es muy importante en el cerebro y actúa como las carreteras por las que circula la información. Cuando envejecemos también perdemos materia blanca, pero en los individuos bilingües, tanto la materia blanca como la gris, se preservan mejor.

FJ: Ahora me da curiosidad saber: y entonces, ¿quién es bilingüe? ¿Todos los aquí presentes somos bilingües? ¿Qué tienes que hacer para aprovechar todas estas ventajas?

AIA: Vaya, es una excelente pregunta porque esto lo hemos iniciado desde muchos puntos de vista. Primero dijimos, de acuerdo, solo cuando aprendes un idioma siendo muy pequeño eres en verdad bilingüe y, claro, está la cuestión de la edad de adquisición. Así que había este tipo de perspectiva de la ventaja de ser bilingüe. Luego nos dimos cuenta de que solo es cierto hasta cierto punto porque, incluso si aprendes un idioma más adelante en la vida, también puedes aprovechar las ventajas si lo usas con frecuencia. En otras palabras, lo que sabemos ahora es que no es cuestión nada más de aprender el idioma, tienes que usarlo, y entre más lo uses en un contexto naturalista, mejor. Es mucho más sencillo hablar un idioma cuando estás en el salón de clases y todos lo hablan, y las instrucciones se dan en el idioma objetivo. Luego sales a un contexto naturalista y te involucras en situaciones en las que hay hablantes de distintas lenguas y tienes que cambiar de códigos entre estas. En ese momento en verdad ejercitas tu función ejecutiva y sometes tu cerebro al desafío, y si practicas más y continúas desafiándolo, aprovecharás las ventajas.

FJ: Entonces, ¿piensas que eso fortalece tu cerebro? ¿Y que es incluso algo que todos deberían hacer para estar más sanos y vivir más tiempo?

AIA: Sí. Soy de Canadá y es bien sabido que Canadá es un país bilingüe, aunque ahora lo somos mucho menos. Digamos, sin embargo, que es un país bilingüe de manera oficial. Incluso al nivel gubernamental esto se está convirtiendo en un problema de política educativa porque, si queremos mostrar todas estas ventajas y probarlas, debemos demostrarlas en cohortes extensas. Algunos estudios no se hicieron correctamente y ha habido, podría decirse, mucha confusión en la literatura, así que necesitamos ser en verdad muy estrictos en términos de la metodología de la investigación y tenemos que probar esto de manera muy sólida, pero más y más gente está entrando de forma espontánea en la perspectiva de la educación bilingüe y, de hecho, si observas el mapa mundial actual, más de la mitad de la población del planeta ya es bilingüe, es decir, es un hecho y, además, veremos ventajas en ello, aunque yo no diría que solo cognitivas y neuronales.

Me parece que hablar una segunda o tercera lengua tiene muchas otras ventajas relacionadas con involucrarse con la cultura que acompaña a dicha lengua.

En la provincia de Quebec sabemos esto muy bien. Quebec es francófona y estamos muy orgullosos de esta herencia francesa; cuando aprendes un idioma también aprendes, digamos, su sentido del humor, el cual tiene que ver con sus valores culturales. Aprendes la información implícita del idioma y, al hacerlo, puedes entender mejor a la gente, y si entiendes mejor a la gente tendrás menos miedo, y si tienes menos miedo, puedes controlar las cosas negativas. Por eso creo que esto tiene muchas ventajas en distintos niveles.

FJ: Entonces te parece que el monolingüismo es curable. (Risas)

AIA: ¿Sabes?, no apoyo este extremo porque creo que todo tiene que ver con el matiz, pero me parece que, si la gente se viera expuesta a distintos idiomas, y si lo hiciera con la actitud correcta, vaya, conozco a muy pocos que se resistirían a ello. Es decir, también es una cuestión de actitud, pero creo que, si te fijas en las nuevas generaciones, es sorprendente. He estado en Montreal veinticinco años y, cuando llegué, la gente hablaba principalmente inglés y francés, algo de español, tal vez portugués. Algunas lenguas árabes, pero no en gran cantidad.

Hoy en día es una locura. La mayoría de la gente ya no considera necesario hablar solo en su lengua materna. Soy profesora en una universidad y estoy en contacto con gente muy joven que tiene un nivel de educación bastante elevado. Estos jóvenes creen que podrían hablar todas las lenguas a las que están expuestos: entre más lenguas, más diversión. Creo que esto le está empezando a agradar mucho a la gente, en especial a las nuevas generaciones, pero también a las parejas interculturales que aportan mucho a este nuevo desarrollo del bilingüismo.

Recuerdo que cuando llegué a Montreal, como venía de Buenos Aires que es bastante monolingüe, caminaba por las calles fascinada de ver a las parejas interculturales y a sus bebés en las carriolas. Toda esta mezcla, este *mélange*, contribuye a que el bilingüismo se vaya convirtiendo más en la regla que en la excepción.

FJ: Me conmueve lo que dices porque es lo que continuamos repitiendo aquí en Nueva York, y porque las escuelas, los educadores y los padres presentes en esta sala están sin duda de acuerdo con ello. Necesito preguntarte algo técnico porque trabajas mucho con el cerebro y lo estudias y lo mides, pero ¿podrías guiarnos de manera breve a través del complejo equipo que usas para tu investigación?

AIA: Sí, ¡por supuesto! Lo que hacemos es observar los cerebros con una gran máquina que se llama IRMf: Imagen por resonancia magnética funcional (fMRI por sus siglas en inglés). La IRMf es una máquina muy poderosa en el sentido de que muestra modificaciones en la activación cerebral, es decir, las distintas áreas del cerebro que se involucran cuando realizas una tarea específica. Lo que hacemos es meter a la gente en la máquina de escaneo de IRMf que es un gran tubo en el que la persona tiene que permanecer recostada. Ya en el escáner le pedimos que realice alguna tarea que se define previamente para poner a prueba funciones cognitivas específicas que queremos medir, y luego captamos imágenes del cerebro de la persona llevando a cabo la actividad.

Esto lo hacemos a través de un complejo análisis que no explicaré, pero que al final produce una imagen en la que podemos ver qué partes del cerebro se involucran y hasta qué punto participan en el desempeño de una tarea específica. Al usar este equipo podemos comparar distintas poblaciones, individuos bilingües y monolingües, por ejemplo, y ver qué parte del cerebro se activa en cada grupo.

Actualmente no solo trabajo con especialistas en el cerebro, sino también con científicos de la informática, juntos estamos desarrollando modelos matemáticos que reproducen las redes cerebrales, porque el cerebro no funciona en pequeñas áreas que se activan de manera aislada. El cerebro funciona en redes, de tal suerte que las áreas se comunican entre sí y comparten información, así que uno puede describir las redes involucradas y observar cuán conectadas se encuentran.

La conexión entre dichas áreas, ¿es fuerte o es solo un vínculo ligero? Al ver todos estos parámetros se puede, por ejemplo, observar si una actividad específica involucra a un circuito o a otro en las distintas poblaciones, y si la misma tarea exige mucho más del cerebro en una población y mucho menos en la otra. Este es más o menos el trabajo que hacemos. Estamos estudiando a individuos bilingües y monolingües para ver los efectos del bilingüismo en la manera en que el cerebro realiza las tareas.

FJ: Entonces, ¿qué es lo que trabaja en mi cerebro cuando hablo inglés o cuando tú hablas francés y español al mismo tiempo?

AIA: Depende de muchos factores, pero pongámoslo de esta manera: si eres un individuo bilingüe muy competente, para tu segundo idioma ocupas las mismas áreas que para tu lengua materna.

FJ: ¿De qué regiones cerebrales estamos hablando?

AIA: En particular, de las zonas del lenguaje que se ubican en los lóbulos temporales y en el área frontal de Broca. Por ejemplo, si estás en una situación en la que tienes que participar en una conversación o si estás en una fiesta de coctel en la que la gente está hablando varios idiomas y tú saltas de uno a otro dependiendo de tu interlocutor, tus lóbulos frontales están trabajando más porque tienes que cambiar de un idioma a otro.

Nosotros estudiamos a individuos bilingües y monolingües con el escáner IRMf y con una tarea de la función ejecutiva llamada *Simon task* (tarea de Simon). Para esta tarea tienes que concentrarte en el color del objetivo sin prestar atención al lugar de la pantalla en el que aparece el objetivo.

Digamos que cada vez que ves un cuadro azul tienes que presionar el botón del lado derecho, sin embargo, el cuadro azul puede aparecer del lado derecho o del izquierdo de la pantalla, y tú tienes que controlar esto. Lo que vemos es que, si se compara a los adultos mayores bilingües con los monolingües, los bilingües no necesitan usar los lóbulos frontales porque están tan acostumbrados a filtrar y descartar la información irrelevante, que solo se enfocan en el color. En ese caso, nosotros vemos activaciones en áreas posteriores involucradas en el procesamiento del color. Los individuos bilingües no se preocupan por la interferencia con el espacio, mientras que los monolingües activan de manera muy intensa los lóbulos frontales.

Tal vez me dirás: «Sí, de acuerdo, todo eso es muy interesante, pero ¿qué significa?». Primero que nada, significa que los individuos bilingües consumen menos recursos cerebrales. Esto tiene que ver con un principio de economía que cobra especial importancia cuando envejeces porque, si puedes llevar a cabo la tarea con menos recursos, tienes una ventaja cuando el envejecimiento empieza a provocar una pérdida de estos.

Otra cosa que hicimos en este sentido fue observar toda la conectividad del cerebro, no solo vimos la conectividad de la red involucrada en la tarea, sino de todo el cerebro. Y lo que descubrimos fue que los monolingües utilizaban una amplia red en que participaban todo tipo de áreas: áreas de procesamiento visual, motoras y de función ejecutiva. Todas estaban interconectadas más o menos con la misma robustez. Los individuos bilingües, en cambio, usaban una red muy pequeña pero sumamente especializada para la decodificación del color, que es la información clave para resolver la tarea de Simon. Esta red solo constaba de dos áreas muy bien conectadas. Estamos hablando de un principio de eficiencia en el cerebro bilingüe que me parece muy interesante.

FJ: Entonces el cerebro bilingüe es más eficiente en cierto sentido.

AIA: En este sentido sí. Es más eficiente en esta situación en particular, en la que tienes que enfocarte en información relevante y filtrar y descartar la irrelevante. Sabemos que esto sucede de manera constante en la vida cotidiana.

Por ejemplo, sucede en una ciudad como Nueva York, en la que billones de cosas están pasando al mismo tiempo y tienes que enfocarte en, digamos, adónde tienes que ir y cómo evitar perderte, o si tienes un objetivo en tu conversación y quieres apegarte a él y no permitir que te distraiga todo tipo de sucesos, o incluso en la conversación, cuando la gente habla de distintos temas y tú tienes que mantenerte enfocado en tu mensaje. Los bilingües son mejores en todo esto y utilizan menos recursos cerebrales.

FJ: ¿Te parece que sucede incluso en el caso de los niños?

AIA: Es una pregunta muy interesante. Este estudio no se ha hecho en niños aún, pero los que sí se han realizado entre niños muestran que son más eficientes para filtrar y descartar la información a un nivel del comportamiento. A nivel cerebral no se ha estudiado esto de manera específica. Si les pides a tus hijos, por ejemplo, que realicen una tarea como la que acabo de describir, los niños bilingües cometen menos errores y son más rápidos, bastante más rápidos que los niños monolingües porque, insisto, pueden enfocarse en la información. Y me parece que esta es la principal razón por la que se ha visto que los niños bilingües son más eficientes en otras disciplinas como las matemáticas. Sabemos, por ejemplo, que para las matemáticas es muy importante mantenerse enfocado en las instrucciones de lo que tienes que presentar como resultado de tu procedimiento y no dejar que te distraigan los distintos caminos que podrías tomar para resolver un problema. La resolución de problemas se centra en el análisis de la situación, en encontrar la solución y en apegarse al proceso, y mis colegas han mostrado que los niños bilingües son más eficientes en este tipo de situaciones.

FJ: Antes de que escuchemos algunas preguntas del público, ¿qué recomendarías? Aquí en la sala hay muchos padres y maestros, ¿qué les sugerirías hacer? ¿Hay una receta secreta que te gustaría darles?

AIA: Lo que me gustaría sería desmentir algunos mitos relacionados con los riesgos de exponer a los niños a dos lenguas o idiomas, incluso cuando existen discapacidades o retrasos en el lenguaje, porque creo que esto es muy importante. En primer lugar, cuando un niño empieza a aprender dos idiomas, al principio podría suceder que hable menos en comparación con un niño que está aprendiendo solo un idioma o lengua

Esto podría suceder, pero se debe a que el niño está descifrando la manera de clasificar todos los elementos en su mente. Puede tomarle algún tiempo, pero en algún momento sabrá muy bien cuál es cada lengua y sabrá que tiene que dirigirse a una persona en una lengua y a otra en otra distinta. Cuando este tipo de pseudoretraso desaparece, surge la inmensa ventaja de hablar dos lenguas o idiomas. Este es el primer mito, no hay problema si al niño le toma más tiempo llegar al mismo nivel de vocabulario, por ejemplo. De hecho, vale la pena por todas las ventajas que tendrá más adelante.

Segundo mito: si tú y tu cónyuge forman una pareja bilingüe, a cada padre se le deberá identificar con un idioma. Esto es algo que dijimos durante mucho tiempo, pero ya no insistimos en ello porque, hasta cierto punto, para el niño podría ser más fácil entender, pero es una situación que se puede volver artificial en la comunicación cotidiana, lo cual no es bueno. Lo importante es ser espontáneo, el niño se las arreglará. Y ya sabes, insisto en que podría tomar más tiempo, pero la diferencia no será dramática.

Tercer mito importante: si el niño tiene un retraso en el lenguaje, tienes que eliminar la enseñanza de la segunda lengua. Esto no es cierto. Tengo una colega en la Universidad McGill que ha estudiado este tema a profundidad y, de hecho, los niños que tienen discapacidades en el aprendizaje del lenguaje pueden aprender dos lenguas o idiomas sin que esto les cause ningún desafío adicional. Al contrario, en algunos casos podría incluso ser benéfico porque el niño puede recurrir a dos lugares y elegir elementos léxicos o, digamos, estrategias para enfrentar los retos en las situaciones en que tenga que comunicarse.

A todos les deberían ofrecer la oportunidad de aprender una segunda lengua y me parece que estás haciendo un trabajo maravilloso al promover esto por todas las razones que ya expliqué o traté de explicar. En mi opinión, tal vez estés, como decimos en francés: « *Sur la crête de la vague* ». Estás en la ola, ¿sabes?, como cuando estás surfeando y en verdad estás en la cresta. En mi opinión, todo esto está sucediendo de forma espontánea en el mundo hoy en día.

FJ: Muchas gracias. Ahora escuchemos algunas preguntas.

P1: Gracias, me llamo Valerie y este es mi esposo, Ian. Hemos vivido en Nueva York unos cinco años. Yo soy belga, así que mi lengua materna es el neerlandés. Él es de Francia y su lengua materna es el francés, pero en realidad hablamos en inglés. Estamos esperando un bebé y nuestra pregunta más importante es qué idioma deberíamos presentarle porque, no se trata tanto de nuestros dos idiomas, sino más bien de los tres que hablamos. En mi opinión, lo ideal es que yo le hable en neerlandés al bebé, que mi esposo le hable en francés y que después, tal vez en la escuela o a través de quienquiera que entre en contacto con él, que aprenda a hablar inglés. Sin embargo, nos preguntamos si los tres idiomas serían demasiado. También, respecto a lo que dijo sobre que no deberíamos comunicarnos con el bebé de manera artificial sino natural, me parece que para nosotros resultaría más lógico seguirle hablando en inglés en casa también. De forma alternativa, también podríamos enviar al bebé a una escuela francesa y hablar en inglés con él en casa, aunque tal vez tengamos que encontrar, en todas estas cuestiones, un equilibrio entre los dos o, de ser posible, los tres idiomas.

AIA: ¿En qué idioma dijo que hablaban usted y su esposo?

P1: Principalmente en inglés, digamos, 80 % del tiempo. A veces en francés porque en Bélgica ese es mi segundo idioma, y él está ahora estudiando neerlandés.

AIA: ¡Maravilloso!

P1: Pero seamos honestos, las cosas no marchan bien, aunque nos damos puntos extra por el esfuerzo. (Risas)

AIA: Maravilloso. Me parece increíble que ustedes y su hijo reciban todas estas oportunidades. Creo que su idea de hablar en su lengua materna, por lo menos en los primeros años, es muy buena. De hecho, para los trilingües no es demasiado trabajo. Por el momento comienza, pero se volverá masivo en los próximos años porque sucede cada vez con más frecuencia. Sin embargo, los pocos estudios que hay respecto a los trilingües nos muestran que en sus primeros años el niño tiene la tendencia a hablar la lengua materna. Luego, la lengua materna del padre también entra en juego y, cuando el niño sale y va a la escuela, el idioma de su medio ambiente empieza a ocupar bastante espacio. Por eso le reitero que las cosas sucederán de manera espontánea y jamás será demasiado. El cerebro es un órgano muy poderoso. Vaya, puedo decir «poderoso», ¡es la segunda vez que uso esa palabra hoy! Pero sin duda lo es.

En cuanto a la espontaneidad en su vida cotidiana, si el idioma que ahora usan entre ustedes es el inglés, pues yo les recomendaría que siguieran de esta manera: su niño lo descifrará. Insisto, no se preocupen si ven que los otros niños empiezan a generar el lenguaje un poco más rápido que su hijo. Él o ella tendrá que dividir todo en los dos o tres idiomas a los que estará expuesto, pero la comprensión debería ser la misma en los tres. Además, si lo envían a una guardería, no se esfuercen por elegir una que esté dedicada de manera específica a un idioma, solo dejen que las cosas sucedan de forma espontánea.

P1: ¡Muchas gracias!

P2: Yo estoy en la misma situación. No le diré qué hacer, solo me gustaría compartir mi experiencia. Me llamo Marshall van Dan y soy músico. Tengo algo en común con usted porque cuando empecé a estudiar mi doctorado decidí ir a Francia y hacerlo en francés. Sin embargo, crecí en Holanda, así que soy holandés y el holandés es mi lengua natal. Luego me fui a Francia a hacer el doctorado en ingeniería química y, bueno, como pueden ver, también hablo inglés. Tengo dos hijas, y cuando nació la primera estábamos viviendo en Francia y yo le hablaba en holandés. Mientras tanto, mi esposa le hablaba en francés. Por eso, cuando le preguntaba en holandés: «¿cómo hace el pollo?», ella contestaba: «toctoctoc». Pero cuando le preguntábamos en francés, decía: «cut

cut cut». Como los animales no dicen lo mismo en todos los idiomas, era muy divertido preguntarle.

Luego mi hija empezó a aprender holandés y francés, y por último inglés. Su maestro de inglés fue Robbie Williams y le simpatizaba mucho. Empezó a aprender inglés de una manera muy peculiar y genial: escuchando música. Permítanme contarles esto porque sigo sin comprender cómo era posible que mi esposa y yo no entendiéramos las letras cuando escuchábamos a alguien cantando en la radio, pero le pedíamos a nuestra hija que la cantara y, aunque ella no comprendía lo que estaba diciendo, nosotros entendíamos su canto en inglés, así que tal vez quieran considerar esto. Actualmente mi hija estudia en inglés en McGill, en Montreal. Solo quería compartir mi historia con ustedes.

P3: Gracias, muchas gracias por articular algo que ha sucedido en mi cerebro durante tanto tiempo. Yo tengo cinco idiomas en la cabeza, pero los tengo en distintos niveles de dominio. El francés y el inglés están bien almacenados y no se mezclan, pero también tengo un poco de español, de ruso y de árabe que flotan en la mezcla. Y lo interesante es que, cuando hablo en inglés o en francés nunca me confundo, pero cuando trato de hablar ruso, español o árabe, los otros idiomas se entrometen.

Recuerdo que en una ocasión estaba en Egipto tratando de formular una oración en árabe, apenas estaba aprendiendo el idioma, y de repente, el español que no había ni escuchado ni usado en diez años, vino a mi cerebro, y empecé a decir la oración en español, aunque ni siquiera sabía que podía hacerlo. ¿Cómo se explica eso? ¿Cómo compartimenta nuestro cerebro los idiomas que ya manejamos muy bien y guarda los fragmentos que luego parecen resurgir en distintos momentos de nuestra vida?

AIA: Gracias, es un comentario muy interesante y, además, me da la oportunidad de hablar sobre algo que no tuve oportunidad de exponer.

Como dije, cuando uno domina dos idiomas, estos solo se superponen en el cerebro. Hay muchos estudios que lo prueban. Yo he trabajado con algunos colegas en Italia al respecto, y en el cerebro la representación es la misma para la lengua materna que para el segundo idioma. Cuando uno no maneja tan bien el idioma, este se superpone menos con la lengua materna, pero, además, también existe una distancia entre todos los otros idiomas, la lengua materna y el segundo idioma más fuerte.

Trataré de explicarlo de manera sencilla. Por ejemplo, pensemos en el español y el italiano. Son idiomas que pertenecen a la misma familia, tienen fonología similar, sintaxis similar hasta cierto punto y, por lo tanto, van mejor juntos, así que se pueden ayudar entre sí. Si tus idiomas son muy distantes, como francés y persa, por ejemplo, idiomas que son muy diferentes, tus fenómenos serán distintos. Hay palabras que, como suenan similares, son cognados, digamos, y son fáciles de aprender. Pero también hay no cognados, es decir, palabras que significan lo mismo, pero son distintas por completo, como *butterfly* en inglés y *mariposa* en español. Asimismo, hay otras palabras que suenan igual, pero significan algo distinto. Estas son las más difíciles.

Recuerdo, por ejemplo, que un estudiante del doctorado, originario de Irán, me dijo que *souri* significaba riñón o algo parecido en farsi, pero vemos que hay una interferencia con *souris* que en francés significa ratón. Lo que sucede cuando tenemos muchos idiomas con distancia interlingüística entre ellos, y uno está en una especie de situación comunicativa en la que tiene que usar un idioma que no se maneja muy bien, surgirá el idioma que se le acerque más, hasta cierto punto, y ustedes se preguntarán ¿español y árabe?, pero, en efecto, verán que son cercanos. Una pregunta: ¿en ese tiempo su árabe era tan sólido como su español?

P3: Hablo ambos demasiado poco.

AIA: En primer lugar, uno relaciona los idiomas que son débiles, y en el cerebro esto se almacena de tal forma que cuando uno quiere hablar un idioma débil, el otro surge. Pero en este caso, hay muchas palabras en español que tienen raíces árabes, ¡muchísimas! Todas las palabras en español que tienen «H» en medio, son muchas, muchas. Por eso no resulta sorprendente y, por otra parte, el español es mucho más cercano al francés que el árabe, así que usted tiene todas las dinámicas entre su idioma fuerte, es decir el francés, y en la proximidad entre el español y el árabe que tal vez estaban participando en este caso, pero es solo una hipótesis.

P4: Hola, mi nombre es Gina, soy patóloga del habla y el lenguaje, pero no estudié doctorado. Creo que en los últimos años han surgido muchos programas dobles de lengua en inmersión y todo mundo dice: «Envía a tus hijos a estas escuelas para que tengan más habilidades cognitivas». Como investigadora me pregunto, ¿hay investigaciones que demuestren que los niños que asisten a esas escuelas tienen mayores habilidades cognitivas?

AIA: Aunque deberían realizarse, no hay investigaciones específicas sobre las escuelas bilingües, pero hay estudios específicos sobre el hecho de ser bilingüe, y si uno asiste a una escuela de este tipo, se vuelve bilingüe. Las investigaciones se han realizado con niños que hablan dos lenguas, pero no se especifica si las hablan porque asistieron a una escuela bilingüe, porque tienen padres bilingües o por ambas razones. Los estudios que se conocen tienen que ver con el hecho de que los niños usan dos lenguas o idiomas, y los mejores resultados se han visto en los que los usan de manera cotidiana. Además, si se asiste a una escuela bilingüe hay más oportunidades de usar dos lenguas todos los días.

Si uno estudia en una escuela monolingüe, puede usar las dos lenguas en casa, pero no con la misma intensidad de exposición que en la escuela y, además, si uno asiste a una escuela bilingüe y aprende, digamos, no solo en el salón de clases, sino también en talleres de arte, música u otro tipo de actividades en dos lenguas, los resultados coinciden con las investigaciones que muestran que las mayores ventajas del bilingüismo surgen cuando se usan las lenguas en un contexto naturalista.

P5: Me llamo Andrea y soy de Venezuela. He vivido los últimos veinte años en Estados Unidos y tengo dudas sobre algo que usted mencionó respecto a que se tiene más materia gris por ser bilingüe. Según entendí, uno produce más materia gris cuando usa ambos idiomas o más de uno, pero ¿qué pasa si, por ejemplo, también se tiene una discapacidad que te obliga a utilizar una gran parte de tu cerebro? Yo, por ejemplo, soy disléxica, pero también bilingüe. ¿Estos dos aspectos eliminarán mis ventajas más adelante en la vida?

AIA: Ah, es una excelente pregunta. Hasta donde sé, no se ha realizado ninguna investigación respecto a las ventajas potenciales del bilingüismo en el contexto de la dislexia de manera específica, pero le puedo hablar sobre otras discapacidades. Como lo mencioné, estoy interesada en la afasia, es decir, la pérdida de las habilidades del lenguaje debido a un derrame cerebral o al daño que puede presentarse en este órgano debido a un traumatismo, e incluso en el contexto de demencia.

Lo que hemos visto es que cuando los bilingües tienen afasia se recuperan mejor que los monolingües. Reitero que esto se debe a que, debido a la reserva que tienen en la función ejecutiva, pueden seleccionar mejor. Sin embargo, si su lesión toca el circuito del control ejecutivo, entonces tenemos un problema.

P5: Sí, siento que eso sucede en mi caso. Mi segundo idioma, el inglés, me ayudó muchísimo con la dislexia.

AIA: ¿Nos podría explicar cómo? Me interesa saber.

P5: Bueno, en lo que se refiere al aspecto de la lectura, creo que cuando uno lee en español todo es más fonético y uno conecta las palabras y las vocales para formar los sonidos. Incluso si no sabe lo que significa o por qué se está leyendo, es posible leerlo en español. En inglés, inscribí a mi hija de seis años en una prestigiada escuela bilingüe y he visto cómo aprende a leer en inglés, pero es un poco distinto porque no es un idioma tan fonético, es más global.

Los niños aprenden cómo se ve y cómo suena una palabra. Yo tomé eso, a mi manera, y como no estoy leyendo cuando leo en español, capturo de forma global la palabra y digo lo que significa, así que la lectura me ayuda con mi dislexia, y cuando leo en voz alta, que es algo que trato de evitar, siento que fluye un poco más porque puedo capturar algunas palabras aquí y allá, y hacer a un lado ese retraso de la dislexia al pasar el mensaje de un lado al otro.

AIA: Gracias por su comentario. Ahora voy a asumir el papel de la experta. Como el español es un idioma transparente, para leerlo basta con convertir las letras en palabras. Es lo que se llama «conversión grafema-fonema». El español es un idioma muy transparente, en tanto que el inglés no es nada transparente: uno lee de una manera que llamamos «global». El hecho de ser disléxica en español significa que usted tenía una desventaja porque estaba utilizando sobre todo esta decodificación de las letras y los sonidos.

Cuando aprendió inglés, de alguna manera desarrolló una perspectiva totalizante de lectura: la manera global. Esto le ayudó a superar el retraso que tenía para decodificar cada uno de los sonidos de una palabra, usted solo entiende la palabra de manera global. Eso es lo que está haciendo.

P5: Exacto, leo mejor en inglés que en español.

AIA: Porque no está involucrando su déficit, lo está evadiendo, está aplicando la forma de lectura global.

P5: Entonces mi materia gris sería un porcentaje de ambos. (Risas)

AIA: Tendría que analizar su cerebro para decirle.

P5: Muchas gracias.

AIA: Fue un placer.

P6: En mi niñez aprendí libanés, libanés-árabe, lo hablo con fluidez, pero no leo ni escribo en árabe. Me pregunto si los beneficios son los mismos para alguien que habla con fluidez un idioma, pero no lo lee ni lo escribe.

AIA: La mayoría de los estudios se han enfocado en el habla del idioma, no en la escritura ni en la lectura, así que quizás usted esté recibiendo los beneficios a pesar de no leerlo ni escribirlo. (Risas)

Pero insisto, hay demasiadas preguntas que aún no se han respondido porque, además, si comparamos el sistema de escritura árabe y otros idiomas, vemos que es demasiado distinto, que requiere habilidades cognitivas que, por lo que pude aprender gracias a estudiantes provenientes de todo el mundo, son muy específicas.

P6: Son idiomas diferentes…

AIA: Sí, por completo.

P6: El idioma escrito es…

AIA: …distinto por completo. Recuerdo a Ladan, una estudiante persa que tuve y trató de explicarme cómo funcionaba el árabe. Le dije: «Se ve tan difícil que creo que, si lo aprendiera, abriría una ventana nueva en mi mente y en mi cerebro». O el griego, por ejemplo, que también usa un alfabeto distinto. Pero para responder a su pregunta, le diré que no nos hemos enfocado en ello. Lo que sí sabemos es que, incluso si solo se habla el idioma, los beneficios están ahí.

FJ: Muchas gracias, profesora Ansaldo. *French Morning* acaba de estrenar un podcast llamado *La révolution bilingue*. Ahí pueden escuchar la entrevista en francés realizada a la profesora Ansaldo y sus comentarios sobre este fascinante tema. Muchas gracias.

Dos conversaciones con Ofelia García

Ofelia García es Profesora emérita de los programas doctorales de Educación urbana y de Culturas latinoamericana, ibérica y latina (LAILAC, por sus siglas en inglés) del centro de posgrado de la City University de Nueva York (CUNY). Ha sido profesora de educación bilingüe en el Teachers College de la Universidad de Columbia, decana de la School of Education de la Universidad de Long Island y profesora de educación en City College, Nueva York. Asimismo, ha sido jefa de redacción del *International Journal of Sociology of Language* y coeditora, con H. Kelly-Holmes, de *Language Policy*.

En 2016 la Bank Street Graduate School of Education le otorgó un doctorado honorario en letras humanitarias, y en 2017 recibió el premio Charles Ferguson en lingüística aplicada del Center for Applied Linguistics (CAL), así como el premio a la carrera de toda una vida del Bilingual Education SIG de la American Education Research Association. En 2018 fue incorporada a la National Academy of Education y recibió el premio a la excelencia en orientación del centro de posgrado.

¡Las cosas que uno encuentra cuando limpia el clóset! Hace poco, mientras revisaba mis cajas, encontré un certificado que recibí en 1999 por participar en el «Simposio internacional de bilingüismo y bialfabetismo a través de la escolarización», organizado por la profesora Ofelia García en la Universidad de Long Island, Nueva York. En aquel tiempo yo estaba a cargo de los grados medio y superior de la École Bilingue, en Cambridge, Massachusetts, la cual ahora se llama International School of Boston. El simposio me permitió recobrar el aliento tras un ajetreado semestre y ponerme en contacto con una comunidad de investigadores y practicantes de la educación bilingüe de todo el mundo.

Estaba muy emocionado de asistir a este evento y aprender de los mejores. Cuando partí, no solo me sentía revigorizado e inspirado, algo también había cambiado en mí. Desde entonces, he tenido el gusto de volver a ver a Ofelia con frecuencia en distintas situaciones.

Ofelia siempre está ansiosa por ayudar, participar y guiarte. Es muy generosa en lo que se refiere a iluminar los aspectos específicos que podrían hacer que un proyecto funcione. Nació en Cuba y vino a Estados Unidos cuando era muy joven. Esta situación definió su manera de abordar el bilingüismo y la colocó en un camino que le permitiría enseñar a estudiantes de lengua minoritaria, formar a profesores de inglés y español, trabajar al lado de doctores y desempeñarse como investigadora. Por si esto fuera poco, Ofelia ha sido profesora de Educación urbana y Literaturas hispánica y lusobrasileña en el centro de posgrado de la City University of New York (CUNY). Como puedes ver, está presente en todo.

Ofelia defiende en particular la tesis del *translanguaging*, un concepto que examina la dinámica entre las lenguas que domina una persona bilingüe, y que plantea que el bilingüismo es más que la suma de dos lenguas que podrían evolucionar de manera independiente en el cerebro.

En estas conversaciones, Ofelia explica en más detalle el concepto de *translanguaging* y explora la historia de la educación bilingüe en Nueva York.

La educación bilingüe y el *translanguaging*

Podcast The Bilingual Revolution, episodio 6: Le bilinguisme est plus que l'addition de deux langues.
Nos referiremos a los participantes como 'FJ' (Fabrice Jaumont) y 'OG' (Ofelia García).

FJ: ¿Podría hablarnos un poco de usted?

OG: Me llamo Ofelia García y soy profesora de educación bilingüe en el centro de posgrado de la City University en Nueva York. Antes de eso fui profesora en Teachers College de la Universidad de

Columbia y, previo a eso, fui decana de la School of Education de la Universidad de Long Island.

FJ: De acuerdo, ¿qué es la educación bilingüe, en particular en Estados Unidos?

OG: Antes de hablar de Estados Unidos hay que hablar del mundo. La educación bilingüe es una forma de enseñanza que se lleva a cabo en dos lenguas o idiomas, aunque a veces hay más de dos. En ese caso hablaríamos de educación multilingüe. El objetivo es formar estudiantes que comprendan la multiplicidad y la diversidad del mundo, y que puedan expresarse y comunicarse con mucha gente como lo estoy haciendo hoy en francés. Un francés que es imperfecto, pero me permite comunicarme con Fabrice Jaumont y todas las personas que lo hablan.

FJ: ¿Es usted bilingüe?

OG: Nací en Cuba, pero vivo en Estados Unidos. En casa hablo español y también inglés. Llegué cuando tenía once años y esos son mis dos idiomas, pero también leo mucho en francés porque, cuando era joven, la literatura latinoamericana fue para mí una manera de conocerme como la estadounidense que soy, pero también como la hispanohablante. En la literatura latinoamericana han influido muchos autores franceses, por eso empecé a leer en francés. Sin embargo, no lo hablo mucho, y por eso me cuesta un poco de trabajo, aunque no tanto cuando se trata de comunicarme con otros.

FJ: ¿Usted ya hablaba el inglés cuando llegó a Estados Unidos?

OG: No, no hablaba inglés, pero recuerdo bien las primeras palabras que entendí en este idioma. Las primeras palabras que comprendí las escuché estando con una amiga y nuestra profesora. Le dijo: «No se preocupe, solo es una cubana estúpida». Desde entonces se volvió fundamental para mí que la gente supiera que el hecho de no hablar un idioma no tiene nada que ver con la inteligencia o la competencia de una persona. Yo entendía inglés, pero no lo hablaba, por eso sabía que era esencial no juzgar a quienes no hablan nuestra lengua.

FJ: Pero ¿la maestra fue quien le dijo de manera directa que era estúpida porque no hablaba el idioma?

OG: ¡No, no fue la maestra! Fue mi amiga quien lo dijo cuando estaba hablando con la maestra. Ella sí era bilingüe y eso fue lo que le dijo a nuestra profesora.

FJ: ¿Esos prejuicios continúan existiendo?

OG: Creo que es un prejuicio muy generalizado. Es fundamental que todo mundo comprenda que la lengua es esencial, que es muy importante desarrollar la capacidad multilingüe para poder comunicarse con distintas personas. El hecho de no encontrar las palabras correctas, como me está sucediendo ahora con el francés, no revela nada sobre nuestro cerebro. Hay una gran diferencia entre la competencia lingüística y la inteligencia, las habilidades y la competencia mental: son cosas distintas.

FJ: ¿Ese episodio influyó en el resto de su vida?

OG: Sí, claro, tuvo una gran influencia porque yo realicé todos mis estudios aquí, en Estados Unidos, y el inglés como idioma siempre estuvo presente al mismo tiempo que el español. También porque, cuando uno vive en un contexto bilingüe, los idiomas se influyen entre sí.

Esto también me recuerda que, cuando llegué a la universidad, empecé a estudiar la gramática del español. Era la primera vez que lo hacía aquí en Estados Unidos, empecé siendo muy joven. Antes de eso, no entendía la gramática. Tuve una profesora española y, para ella, la norma de la lengua española era la de España. No estaba muy familiarizada con el español que se habla en Estados Unidos y sus peculiaridades, un español que es distinto al de España e incluso al de Latinoamérica.

Un día me corrigió: «En español no decimos *eso*». Yo le respondí: «¡Pero en mi casa lo decimos todo el tiempo!». La maestra me contradijo y explicó que lo que yo había dicho no existía. Yo insistí: «Claro que existe porque en casa lo decimos siempre». En ese momento comprendí que uno debía ser flexible con el bilingüismo.

Si queremos preservar, desarrollar y mantener una lengua o idioma, en especial en el contexto bilingüe, debemos ser un poco flexibles porque la lengua va y viene. La lengua forma parte de las relaciones humanas y de los textos, y si uno habla varias, todas tendrán influencia en las otras.

FJ: ¿Estamos hablando de flexibilidad institucional? ¿O de qué tipo?

OG: Creo que es necesario que los educadores sean flexibles, que se den cuenta de la importancia de animar a los estudiantes a hablar y a expresar lo que quieren decir, que los animen a leer, escribir y compartir. Eso es lo más importante.

Me parece que si tenemos la costumbre de hablar desarrollaremos ciertos estándares, pero no podemos empezar por ahí. Tenemos que empezar con las emociones y las ideas que deseamos compartir. Eso es la lengua. Una lengua es algo vivo, no es un objeto pasivo, tampoco la gramática lo es. La gramática puede ayudar a la lengua, pero no es la lengua en sí.

FJ: ¿Entonces usted sugiere comenzar por formar, por educar a los maestros?

OG: Sí. Su formación es muy importante, incluso en el caso de los que se especializan en los idiomas y están interesados en ellos por razones obvias. Para los estudiantes, sin embargo, lo esencial no es comenzar por las reglas y las convenciones de un idioma o lengua.

Lo esencial es tener oportunidades de formular la lengua, de comunicarse. Ese es el trabajo de los maestros, no pensar que la lengua es una estructura con compartimentos y reglas que se debe enseñar. Primero necesitamos tener un texto para después editarlo, ¿no es cierto? Este es un concepto relevante para mí, una idea esencial: los estudiantes deben tener un texto, ya sea escrito o incluso para hablar. Pero primero hay que tener un texto para después editarlo. No se puede editar una página en blanco.

FJ: Háblenos de sus investigaciones. ¿Qué ha aprendido de sus experiencias personales? ¿En qué campos se ha especializado?

OG: Empecé estudiando sociolingüística, es decir, la manera en que las lenguas funcionan en el mundo.

FJ: Entonces el inicio fue la sociolingüística.

OG: Así es. Estudié con Joshua Fishman, quien fue un verdadero padre de esta disciplina. Empecé estudiando cómo funcionan los idiomas en el mundo y en la sociedad, pero la educación bilingüe seguía interesándome porque así fue como empecé a enseñar cuando era joven en Nueva York. Había muchos estudiantes que venían de Puerto Rico y, un día, me asignaron un grupo.

Mis estudiantes eran puertorriqueños que no hablaban inglés, por eso empecé hablándoles en español, aunque poco después mis superiores me indicaron que debía enseñarles en inglés. Una o dos semanas más tarde, a pesar de que era muy joven, empecé a notar que las cosas no funcionaban y que tenía que hacer algo distinto. *Tengo en común la lengua con ellos, esto debería ser más sencillo. Puedo hacerlo en español porque, si lo hago así, me comprenderán. Luego podremos hacer algo en inglés,* pensé.

Hablé con el director de la escuela: «Voy a trabajar de una manera diferente, voy a enseñar de manera bilingüe». Me preguntó: «¿Qué significa eso?» y yo le dije: «No lo sé, pero voy a intentarlo de todas maneras». Por eso siempre he dicho que yo comencé la educación bilingüe en Estados Unidos antes de que existiera de manera formal. Después empecé a estudiar con Joshua Fishman. En mi opinión, la escuela es el contexto más complejo del bilingüismo porque las familias tienen una enorme responsabilidad si desean mantener y desarrollar las lenguas en casa. Pero creo que la escuela es fundamental. Incluso si es monolingüe, porque hay muchos alumnos que vienen de hogares donde se hablan otros idiomas y hay que enseñarles que eso es una ventaja y será esencial para ellos, que ser bilingüe tiene muchos beneficios. También es muy importante para los maestros.

En mi opinión, la escuela es el lugar donde todo sucede en lo referente a la lengua porque, como sabemos, se enfoca en textos escritos que tienen como objetivo desarrollar la lengua escrita, las reglas y las convenciones lingüísticas. Si se logra modificar la mentalidad en la escuela, me refiero a las nociones que tienen los estudiantes y los maestros respecto al bilingüismo, podremos hacer algo distinto en el mundo. Pero si la escuela no evoluciona, no podremos cambiar nada.

Esta es la razón por la que me he dedicado en cuerpo y alma a la educación bilingüe como sociolingüista. Ahora pienso que lo que estudié respecto al bilingüismo cuando era joven funcionaba para esa época, pero ya no es válido para el contexto actual. Vivimos en un mundo muy dinámico en el que hay mucha gente, ideas, movimientos y productos, tenemos que hacer algo distinto con el bilingüismo.

Cuando yo era joven, dos investigadores de renombre se enfocaron en el bilingüismo: Weinreich y Haugen. Sin embargo, me parece que sus ideas sobre este tema condujeron a la noción del monolingüismo. Es decir, ellos veían al individuo bilingüe como un monolingüe doble. Esta visión estaba bien para aquella época, pero ahora no funciona. Por eso empecé a pensar que el bilingüismo debía analizarse de manera distinta, como dice Christine Hélot. Para pensar el bilingüismo desde una perspectiva bilingüe, también debemos reconocer las influencias dinámicas de las lenguas. Así fue como llegué al concepto del *translanguaging*.

Pero yo no inventé el término, fue acuñado en Gales. El profesor Cen Williams fue el primero que empezó a hablar de este concepto. Dijo que, para conservar el galés y el inglés en Gales, se tendría que usar ambas lenguas de forma complementaria y no por separado, ya que también era necesario desarrollar una identidad bilingüe en lugar de solo una identidad en inglés y otra en galés. Por eso acuñó este término en galés, *trawsieithu*, el cual fue traducido al inglés por Colin Baker como *translanguaging*.

FJ: ¿Y conoce usted el término en francés?

OG: ¡Ah! Eso es muy interesante porque con frecuencia me preguntan cómo traducirlo al español. La Academia de la Lengua Española lo tradujo como «translenguar». Yo creo que en francés se puede utilizar el término *pratique translangagière*. Sí, así le dicen en francés, pero yo siempre uso el término en inglés porque me parece que está bien mostrar que quienes somos bilingües o multilingües siempre estamos llevando a cabo este *translanguaging*. A menudo lo vemos, como ustedes están siendo testigos justo ahora. Me están viendo hacer *translanguaging*, pero a veces no es evidente.

Por ejemplo, cuando hablo español o inglés en público, pero la gente no sabe que soy bilingüe, no se da cuenta de que estoy «translenguando», pero el proceso de todas formas se lleva a cabo. Por eso es importante indicarles a los estudiantes cosas como: «Ahora debes trabajar solo en francés o solo en inglés». Pero también creo que es fundamental reconocer que tienen un repertorio lingüístico unitario y que lo deben trabajar por necesidad. Me parece que cuando están en un contexto bilingüe, no es indispensable seleccionar características que solo se presentan en inglés o en francés. Por eso lo escuchamos como una mezcla, pero en un contexto bilingüe no lo es porque no es necesario elegir. Como dicen por ahí, podemos «*Let our hair down!*»: soltarnos el cabello y hacerlo de manera natural.

Es lo que he estado haciendo los últimos diez años, digamos. Yo empecé a estudiar el fenómeno del *translanguaging* en la educación bilingüe, pero se puede practicar tanto en la educación bilingüe como en la monolingüe. También es una manera de abordar las cosas desde la perspectiva multilingüe porque así uno reconoce que incluso los estudiantes que hablan francés en Estados Unidos, por ejemplo, también hablan otras lenguas. Hablan muchas. Necesitamos reconocer que los estudiantes tienen más de una identidad francesa; algunos de los que son francófonos también hablan árabe y español en casa, así como otras lenguas o idiomas. Asimismo, es una forma de reconocer que este fenómeno es más complejo que solo la idea de las lenguas en que se les enseña. Es sencillo, pero más complejo al mismo tiempo.

FJ: También es una manera más tolerante de enseñar, una forma de decir que no hay problema si se mezclan los idiomas y se habla en *franglais*, por ejemplo, que es una tercera lengua para un francófono que quiere hablar en inglés. Este francófono tiene una tercera lengua intermedia que es mezcla de ambas.

OG: A mí no me agradan los términos *franglais* o *spanglish* porque tienen una implicación, porque han sido estigmatizados, y creo que debemos cambiar esta percepción. No digo que el *translanguaging* sea la única manera de hablar, pero me parece necesario. Por ejemplo, a mí me cuesta trabajo hablar en francés y preferiría no hacer este esfuerzo, pero tenemos que comprender que los estudiantes que hablen un francés sin ninguna traza de español o de inglés, tendrán más oportunidades, y creo que eso cambia la ecuación.

En lugar de decir: «Los alumnos no hablan tal idioma», debemos pensar: «¿Qué oportunidades les deben dar los maestros para que desarrollen esas habilidades?». Otra cosa es que debemos pensar que el *translanguaging* es una manera de empezar a hablar una lengua, lo cual es obvio para cualquiera que me esté escuchando hablar francés en este momento. Ahí empezamos y luego tenemos que enriquecer el repertorio del niño. Pero si empezamos con la norma y nos enfocamos solo en eso, si no tenemos la flexibilidad necesaria, creo que los estudiantes bilingües perderán toda la confianza en sí mismos y no querrán hablar. Porque la lengua no es una pieza de exhibición de un museo, sino algo que debería usarse.

Es una realidad que los estudiantes de una escuela bilingüe franco-británica utilizarán el francés en Estados Unidos. Sin embargo, los jóvenes francófonos en Estados Unidos no pueden hablar de la misma manera que los francófonos en Francia porque aquí siempre están en un contexto bilingüe.

Por supuesto, esto no significa que cuando sean más grandes no puedan llegar a hablar el francés sin la influencia del inglés, pero mientras continúen estudiando, uno tendrá que ser flexible con ellos porque, de otra manera, ya no querrán hablar francés ni seguir desarrollándolo y, en mi opinión, así es como muere una lengua.

FJ: Es un rechazo de la lengua.

OG: Sí, eso es.

FJ: ¿Y qué piensa de los padres que rechazan la lengua que deberían hablar en casa, que se niegan a hablarla?

OG: Me parece que pierden una oportunidad. Hablar otros idiomas y lenguas es una ventaja enorme. Es importante en el aspecto cognitivo porque sabemos que funcionamos mejor. Sabemos que el cerebro trabaja más y mejor cuando hablamos varias lenguas. Me parece que en la actualidad tenemos muchas oportunidades, en especial en este mundo globalizado.

Hay muchas más posibilidades de trabajar, de viajar a otros países y de conocer más sobre otras personas. Creo que el bilingüismo y el multilingüismo tienen beneficios muy importantes, también en los aspectos socioeconómico y cognitivo. Es una verdadera lástima que algunos padres no aprovechen la oportunidad de criar niños bilingües.

FJ: ¿Pero tiene idea de por qué se niegan a hacerlo?

OG: Pienso que el problema en Estados Unidos es que algunos quieren que «el país vuelva a ser grande», ya sabes, «*Make America great again!*». También es un país aislado y, paradójicamente, el más globalizado. Nos vemos como si estuviéramos aislados. Creo que, incluso en el caso del francés, ser bilingüe tiene un estigma, aunque me parece que eso está cambiando. También con el español. Antes el español era solo el idioma de la minoría en Estados Unidos, y ahora, a pesar de que seguimos viéndolo de esta manera, también lo consideramos un poder activo desde la perspectiva económica: «Podemos venderles a los hispanohablantes». Aunque creo que las cosas están cambiando.

Gracias a la globalización, las ideas respecto a las lenguas se han ido modificando. Por eso ustedes tienen ahora la oportunidad de abrir escuelas públicas bilingües en francés e inglés aquí en Nueva York. Ahora hay gente interesada en ellas porque estadounidenses de todos tipos empiezan a ver que el bilingüismo es una ventaja.

FJ: Incluso hay monolingües anglófonos que ahora desean ser bilingües o que sus hijos se vuelvan bilingües.

OG: Ah, claro, porque la gente no es sorda. Aquí, en Nueva York, todo el tiempo escucha otros idiomas además del inglés y, si trabajamos, si somos médicos, por ejemplo, tenemos pacientes que no hablan inglés, y los escuchamos también. Sucede en todas las profesiones, uno entra en contacto con personas que hablan otros idiomas.

FJ: Muchas gracias por estas palabras en francés, Ofelia García.

OG: ¡Gracias a ti, Fabrice, por brindarme la oportunidad de practicar un poquito! Fue un enorme placer hablar francés.

Los programas bilingües en Nueva York

Conversación sobre el libro La revolución bilingüe, *14 de junio de 2016. Nos referiremos a los participantes como 'FJ' (Fabrice Jaumont) y 'OG' (Ofelia García).*

El trabajo de Ofelia García consiste principalmente en investigar la historia de la enseñanza bilingüe en Nueva York para comprender mejor dónde se encuentran las tensiones y cómo eliminarlas a través de la redefinición de la educación bilingüe. Antes los sistemas de educación bilingüe estaban diseñados como programas para ponerse al día y su único propósito era mantener el español de los estudiantes y desarrollar el inglés.

Ofelia defiende la idea de una nueva concepción de la política de asignación de recursos para la lengua y promueve la creación e implementación de programas de enriquecimiento cuyo objetivo sea atender la diversidad lingüística de las escuelas bilingües. Su investigación sobre temas como educación bilingüe, política de la lengua, multilingüismo y sociología de las lenguas, así como su trabajo en la historia de la educación bilingüe en Nueva York han tenido un impacto importante en la comprensión de las complejas prácticas lingüísticas de los estudiantes bilingües y multilingües del siglo veintiuno.

Esta conversación tuvo lugar cuando contacté a Ofelia para hablar sobre mis primeras reflexiones para el libro *La revolución bilingüe*. Ofelia tuvo la amabilidad de guiarme y compartir sus perspectivas conmigo en una cándida discusión.

FJ: Ofelia, hay una discrepancia entre lo que anuncian las autoridades escolares y lo que me dicen los padres. Me cuesta trabajo conciliar estas dos perspectivas. El tema de los niños que aprenden inglés (*English-language learners, ELL*) predomina en el discurso de las autoridades escolares y, aunque dicen que la educación bilingüe es para todos, la realidad es un poco distinta. Más bien parece que es solo para los *ELL*. ¿Cómo reconcilia usted esto?

OG: Esta mañana empecé a escribir un breve capítulo para el Centro de lingüística aplicada (CAL), es sobre los programas duales de lengua en la ciudad de Nueva York.

Cuando se acercaron a mí por primera vez, les dije que no quería participar porque sabía que mi voz sería crítica, pero me convencieron de hacerlo. Algunos de mis colegas también van a involucrarse.

Una de las cosas que hago en este capítulo es trazar la historia de la educación bilingüe en Nueva York para que podamos entender dónde están las tensiones. Algo claro es que, en la ciudad, este tipo de educación empezó en una situación muy distinta. En aquel tiempo la ciudad era primordialmente puertorriqueña, casi todas las personas hablaban español y contaban con el decreto de acuerdo extrajudicial, que fue lo único que pudieron conseguir. Fue un asunto muy politizado, una negociación. La comunidad puertorriqueña no quería un programa bilingüe de transición, quería lo que se llamaba «programa de mantenimiento del desarrollo».

De cierta manera, pensaban como tú, Fabrice: querían un programa bilingüe que abarcara y se hiciera cargo de todo el continuo bilingüe de la comunidad, no solo de quienes no sabían inglés porque, después de todo, la comunidad se estaba volviendo bilingüe con rapidez. Las autoridades escolares no tenían el mismo plan. Los programas que se implementaron poco después no tenían relevancia para la comunidad porque sus integrantes ahora hablaban inglés y, por lo tanto, no calificaban para inscribirse.

Desde el principio existió una tensión entre lo que las comunidades querían y lo que las autoridades estaban dispuestas a darles, y luego, cuando empezó el movimiento de la doble lengua, la gente sintió que la habían excluido. Creo que todo esto forma parte de la tensión.

A lo largo de los setenta, ochenta y noventa hubo programas bilingües que carecían de definición. No eran para hacer una transición, pero se salieron con la suya gracias a lo que se llamó «educación bilingüe de transición de última oportunidad», lo cual significaba que los niños permanecían ahí hasta el sexto grado.

Luego, en los ochenta, Reagan fue electo y el país empezó a cambiar, surgió el movimiento «inglés únicamente» o «Solo inglés». Para los noventa, la situación había cambiado por completo, los programas se encontraban en estado de abandono y los niños estudiaban en sótanos, segregados.

En aquel tiempo hubo algunas luminarias, y resulta interesante mencionar que una de ellas fue el director de la P.S. 84, donde ahora tienen ustedes el programa en francés. Sid Morrison fue un educador progresista. La institución se llama Lillian Weber School. Lillian Weber fue una educadora progresista muy conocida en la ciudad de Nueva York. Fue mi mentora cuando di clases y fue la persona que trajo a Estados Unidos los salones de clase abiertos.

Lillian tenía una idea muy distinta de lo que significaba enseñar de manera bilingüe. No lo veía como un programa «para remediar», sino como un programa de enriquecimiento. A mediados de los ochenta, Sid Morrison empezó a decir: «Lo que tenemos no funciona, la comunidad ha cambiado, ya no es monolingüe en español, se está gentrificando con mucha rapidez, y necesitamos un programa para cualquier persona que quiera unirse».

Para distanciarse de los programas bilingües de transición, Morrison empezó a usar la etiqueta «lengua dual», que está empezando a ganar terreno en el país. Así fue el movimiento. Cuento esta anécdota porque creo que a veces vemos las cosas desde el presente, sin entender que hay corrientes que le han dado forma y que ahí es donde surgen las tensiones.

En los noventa los programas empezaron a deteriorarse, pero a finales de la década, la gente de New Visions se involucró en la renovación de la educación bilingüe y tomó una ruta distinta. Financiaron y apoyaron el establecimiento de cuatro escuelas bilingües. No eran programas dentro de una escuela, sino escuelas completas que siguen existiendo: tres en español y una en chino.

Dos de las escuelas en español surgieron a partir de organizaciones con base en la comunidad. Una era una organización comunitaria dominicana, llamada Asociación Comunal de Dominicanos Progresistas. Querían desarrollar un programa bilingüe para sus niños. Tiempo después establecieron una escuela, la Twenty-First Century School, y nombraron directora a una de sus líderes de educación. Ella volvió a la escuela, ocupó el puesto y sigue ahí.

Hubo otra escuela en Brooklyn donde sucedió lo mismo. Una organización de la comunidad y los padres querían una escuela bilingüe, no les interesaba un programa de transición, querían uno para la comunidad, así que establecieron una escuela en Cypress Hills. Ahí hay un modelo interesante porque uno de los padres es codirector de la escuela. Es una institución que está vinculada de manera estrecha con las asociaciones comunitarias y cuenta con programas extraescolares. Es sobre todo para hispanófonos, aunque hay algunos niños que no lo son.

FJ: ¿Pero no es para los programas de enseñanza del inglés como segunda lengua (*English as a Second Language, ESL*)?

OG: No, admiten a todos los niños. Estas escuelas sobre las que hablo son similares en ese aspecto. Luego está la escuela Amistad en Washington Heights, que también surgió de un movimiento progresista. Como ese vecindario cambió mucho más rápido, desde el principio pudieron tener una mezcla más amplia.

Los primeros dos programas que mencioné son sobre todo latinos, 95 %, diría yo. Tenían un programa para la comunidad: así eran ellos y esa fue la manera en que decidieron trabajar. Por otra parte, tenemos Shuang Wen, la escuela china.

Al principio todo se enseñaba en inglés en la mañana, hasta las 3:00 p.m. y luego, de 3:00 p.m. a 5:30 p.m., había un componente chino. Creo que a esos maestros los financiaba Taiwán en aquel tiempo. Eran programas que contaban con el respaldo de New Visions. ¿Cuál era la nueva visión de la educación bilingüe? Todos adoptaron la etiqueta de «programa dual de lengua» para distinguirse de los programas de transición.

Luego California declaró como ilegales los programas bilingües y eso forzó a muchas escuelas a cerrar porque no tenían suficientes alumnos. Cuando las escuelas eran muy grandes tenían que ofrecer programas de educación bilingüe, pero cuando eran pequeñas, no era necesario. Aunque la gente dice que hubo un aumento de los programas bilingües duales de lengua, lo que vimos a lo largo de esos años fue un crecimiento muy reducido. El gran crecimiento para los niños que aprendían inglés dependió del ESL, inglés como segunda lengua. Para 2014, 80 % de esos niños estaban inscritos en ESL. Los programas bilingües dejaron de existir. Si no me equivoco, solo 4 % estaban inscritos en programas bilingües duales de lengua.

Luego viene esta nueva administración que, en mi opinión, ha tratado en buena fe de hacer énfasis en la educación bilingüe con los programas duales de lengua. Pero también me parece que no se han dado cuenta de que la ciudad es un lugar muy distinto ahora. No ven que ha cambiado y que la diversidad es enorme. Hay una gran cantidad de problemas que no están atendiendo.

Yo sé de programas. Estoy trabajando en algunos con la P.S. 87. Ahí tienen un programa dual de lengua que ha durado mucho tiempo, aunque en él ya no sucede mucho más porque se trata de una escuela zonificada. El barrio ha cambiado de forma drástica y, por lo tanto, no hay suficientes niños. ¿De dónde podrían sacarlos? La escuela no obtuvo la atención que necesitaba porque no tiene niños en programas ESL.

A mí me interesan los niños que están desarrollando el inglés, creo que tenemos que hacernos cargo de ellos. En mi opinión, nuestro bilingüismo ha crecido y se ha extendido, pero seguimos viendo cómo hacernos cargo de quienes no hablan inglés, no estamos viendo lo que sucede en esta ciudad. Creo que la tensión es producto de esto.

FJ: He escuchado historias similares respecto a los programas de francés y de italiano. No los consideran programas duales de lengua porque en ellos no participan niños que estén aprendiendo inglés. Es una lástima que la definición no incluya a estos programas que están transformando a las escuelas, empoderando a las comunidades, creando vínculos y todo eso. Por otra parte, también vemos lo que están haciendo los otros estados, casi a escala industrial, como es el caso de Utah. Están desarrollando programas duales de lengua, pero en esta ocasión, para fomentar una ciudadanía multilingüe. En Nueva York uno nunca escucha hablar de este tipo de mentalidad.

OG: Esto es en lo que creo que los programas duales de lengua en la ciudad tienen que cambiar. Toda la ética de los programas originales se basaba en el mantenimiento del español y el desarrollo del inglés. No creo que podamos continuar teniendo aislados estos idiomas. Me parece que podemos protegerlos un poco, pero no podemos aislarlos.

En todos los programas bilingües duales de lengua se tiene que reconocer la diversidad lingüística que existe entre los niños y que va más allá de las dos lenguas principales. Te estoy hablando de los programas duales de lengua en español en los que el maestro solo aborda el español y el inglés. En el componente en inglés, todos los estudiantes «nativos» hablan árabe, urdu y todo tipo de lenguas, pero el maestro o la maestra no tiene idea de esto.

En el componente en español, los niños vienen de países y culturas muy distintos, pero el maestro tampoco está al tanto. Muchos de los estudiantes hablan otras lenguas. Hay bastantes niños que llegan hablando quechua, muchos que llegan hablando mixteco. Creo que es algo que necesitamos volver a incorporar en los programas. No puede ser solo «dual», no puede solo contemplar dos lenguas, tiene que ir más allá.

FJ: No se puede trazar una línea blanca y dividir el salón. Sin embargo, hay quienes lo hacen. ¿Ha escuchado al respecto?

OG: Sí, he escuchado sobre esta práctica. Estudié con Joshua Fishman y sé todo respecto a la diglosia. Sé que estos conceptos nos llegaron de ahí, de la idea de que, para tener una comunidad bilingüe estable, es necesario establecer un arreglo diglósico, lo que significa que una lengua se usa para algunas funciones y la otra para funciones distintas. Eso estaba bien en los sesenta y los setenta, pero no funciona en el globalizado mundo actual. Nosotros pasamos de una lengua a la otra con mucha más fluidez.

Debe de haber un espacio para utilizar la lengua porque los niños necesitan sentirse con libertad de hacerlo. No estoy diciendo que nos alejemos de las políticas de asignación de la lengua que tienen espacio para una y para la otra, sino que necesitamos generar algo de flexibilidad para que los pequeños entiendan su repertorio bilingüe. Estuve en una de las escuelas y escuché a un niño decir: «Ella es francófona y yo soy anglófono». Entonces le pregunté: «¿Y tú a veces te vuelves francófono?». «No, yo soy anglófono», contestó. «¿Y ella se vuelve anglófona a veces?», pregunté. «No, ella es francófona», insistió.

Es ridículo. Estos niños van a vivir en Estados Unidos, van a ser ciudadanos del mundo, necesitan desarrollar esta identidad bilingüe o multilingüe que incluye algunos aspectos del hecho de ser francófono y otros del hecho de ser anglófono o estadounidense. Estos aspectos necesitan fusionarse de alguna manera. Estoy segura de que ahora tú ves la diferencia entre tú y tus hijas. Me parece que la gente me malinterpreta porque insisto en que es necesario que haya espacio. Hace poco hablé en público sobre la reconceptualización de la política de asignación de la lengua.

En mi opinión, esta política debe incluir esos dos espacios: uno en el que los niños funcionen en una lengua y otro en el que les permitas funcionar en la otra. Pero en el interior de dichos espacios debe haber algo más.

Por ejemplo, hay una escuela llamada Cypress Hills que cambia la lengua de instrucción cada semana. En ese programa no puede haber un solo niño, ni en inglés ni en español, que no entienda lo que está sucediendo. Necesitas apoyarlos, proveerles un andamiaje. Ahí es donde debe entrar la flexibilidad. No puedes solo permitir que ese niño no entienda lo que está pasando durante toda una semana, sería una locura. Necesitas crear este espacio en el que los niños actúen, en donde tengan que producir contenido en esa lengua. Pero claro, hay una diferencia entre el proceso y el producto.

El proceso es lo que añadimos a todo lo que tenemos que hacer. Ese proceso incluye nuestros conocimientos, los rasgos de nuestro repertorio bilingüe completo. A veces tenemos que generar contenido en una lengua y, en otras ocasiones, necesitamos producir contenido en la otra. Hay una diferencia, y ese es el problema con trazar una línea blanca en medio de un salón de clases. No tiene sentido.

FJ: Entrevisté a Angélica Infante, Comisionada de educación primaria y secundaria de Rhode Island, y me contó la historia de la línea blanca. Me dijo que la ha visto en todos lados, no solo en Nueva York, también en otras escuelas que ha visitado. Cuando le pregunté respecto a la educación bilingüe y le dije sobre los aprendices de inglés, los *English-Language Learners*, dijo: «En mi opinión, la educación bilingüe es para todos. Todos opinamos lo mismo en el Departamento de Educación del Estado de Nueva York, también es la visión de los Comisionados y de Washington». Pero entonces, ¿por qué sigue siendo un problema? ¿Por qué sigue habiendo una división? Cuando uno habla con los padres es obvio que no entienden lo que está sucediendo.

OG: Te diré por qué. La mayoría de los padres multiculturales son mucho más sofisticados en el aspecto lingüístico que los estadounidenses promedio. Si, por ejemplo, conversas con un o una paquistaní que habla tres lenguas distintas, ¡notarás que no ve ninguna línea ni división entre ellas!

Pero como empezamos con una ideología muy monolingüe y muy monoglósica, esto es lo que hemos visto desde el principio y nos olvidamos de que el bilingüismo es mucho más fluido, que es un continuo. No es ni esto ni aquello. Incluso la visión de «esto y aquello» es artificial y no debemos olvidarlo.

Esas calificaciones mínimas para mezclar a un aprendiz con un hablante avanzado del inglés son artificiales por completo. Las he visto cambiar a lo largo de mi vida. Al principio teníamos una calificación mínima y, diez años después, la gente decidió que no era la adecuada, así que la aumentaron. Luego cambiamos los instrumentos, así que es completamente artificial.

Alguien dijo: «Este es un aprendiz del inglés y este no», pero lo hizo sin entender que se puede ser lo uno o lo otro dependiendo de distintas tareas. Para alejarme de este enfoque en los aprendices de inglés empecé a hablar de los «bilingües emergentes» porque, si piensas en lo que significa ser un bilingüe emergente, entonces todos somos bilingües emergentes, ¿cierto?

FJ: Cierto. Estas son las razones por la que quiero que el movimiento de la Revolución bilingüe sea una estrategia ascendente, en la que los padres se mantengan al frente y los grupos bien organizados tengan el poder de modificar las definiciones, las políticas y otras cosas, que cambien a las comunidades y las escuelas. ¿Qué consejos les daría usted a los padres? ¿Recomendaría algo en particular?

OG: Fabrice, tú sabes mucho más que yo sobre cómo funciona el sistema y cómo se puede echar a andar un programa dual de lengua. Yo no sabría ni siquiera por dónde empezar. Sin embargo, siempre les hablo a los padres del maravilloso regalo que es ser bilingüe o multilingüe y del importante papel que ellos juegan en que esto suceda, les digo que no teman usar las lenguas del hogar para hablar con sus niños. Porque eso es lo que suele suceder, en especial con quienes acaban de inmigrar: todos quieren que sus hijos hablen inglés. Acabo de volver de la Conferencia internacional sobre la educación bilingüe en Gales. Di un discurso porque hubo un tributo a Colin Baker. Había gente de todos lados, todos están tratando de practicar la educación bilingüe debido al inglés.

En Andalucía, 40 % de las escuelas son bilingües ahora. Dos de las cosas que tenemos que garantizar es que los padres entiendan que sus hijos van a aprender el inglés con mucha facilidad, pero que no sucede lo mismo con las lenguas del hogar, y que esas lenguas son valiosas y relevantes.

Creo que esa es la lección más importante para los padres: continuar teniendo conversaciones de calidad con sus hijos sin que nada más importe.

También me parece que la literatura académica sobre el bilingüismo se escribió a través de una lente teórica de hace mucho tiempo, la cual no se ha adaptado a la nueva realidad global. Por ejemplo, hay mucha literatura sobre la planeación de las lenguas en la familia: un padre habla una lengua y el otro habla la otra. Es necesario que haya un espacio para que el niño o la niña hable una lengua, pero no debe ser rígido, siempre puede ser más flexible. Un psicólogo que investigó sobre las ventajas del bilingüismo me dijo que, sin importar cómo agrupara a los niños, no podía conseguir ni ventajas ni desventajas. La única forma de agrupamiento que funcionaba era en la que el niño se veía expuesto a ambas lenguas de manera más o menos simultánea, no con un padre hablando una y el otro la otra. Su teoría era que el funcionamiento era mejor cuando había exposición simultánea porque los niños tenían que ajustarse de manera constante y elegir las características correctas de manera espontánea, y eso generaba una energía en el cerebro que no estaba ahí cuando sabían qué lengua esperar. Creo que pronto veremos más investigaciones sobre estos aspectos porque el mundo ha cambiado, pero obviamente, para los padres en Estados Unidos es muy fácil sentir que la gente solo valora el inglés.

FJ: Es cierto que el Estados Unidos monolingüe de clase media alta ahora comprende mejor los beneficios del bilingüismo. En la actualidad vemos que los programas duales de lengua ya no son un tabú, se han vuelto populares entre la gente monolingüe. A eso es a lo que quiero llegar. Estas familias están tratando de volverse bilingües, mientras que las comunidades de patrimonio tratan de conservar sus lenguas. Son los dos grupos que veo con más frecuencia, a los aprendices del inglés, los *English-Language Learners*, no los veo tan seguido.

OG: Eso es porque en Estados Unidos y en la mayor parte del mundo todos son «bilingües simultáneos». La idea de que uno entra a la escuela siendo monolingüe ya no es viable. Los niños están expuestos a las lenguas desde que nacen. Todos vienen con un entendimiento pasivo. Creo que lo que tienes que atacar es la idea de que hay categorías, de que todo el tiempo es un continuo o espectro bilingüe. Hay un espectro de bilingüismo, pero son categorías artificiales. De cierta forma, todos somos bilingües emergentes. Hay cosas que no hacemos bien en una lengua, pero que hacemos bien en otra. Dependiendo de la situación en que nos encontremos, siempre estamos emergiendo.

FJ: Si se hace bien, el bilingüismo puede tener un impacto enorme en la escuela y la comunidad. No se trata de gentrificación. Mucha gente dice que esto solo sucede en los vecindarios blancos de clase media. Es lo que me gustaría demostrar, que no es un asunto de niños blancos ricos. Todos tienen esta posibilidad, pero las cosas tienen que hacerse bien, tienen que abordarse de manera colaborativa, ascendente y siempre involucrando a la comunidad. Solo así podrá fortalecerse esta tendencia. Si nos fijamos en Utah, veremos que las cosas suceden de manera inversa, descendente, pero es porque ahí los motivos son distintos.

OG: Si puedes vincular esto al empoderamiento de las comunidades, creo que tendrás una base sólida para empezar. Quienes criticamos el cambio hacia los programas duales de lengua lo hacemos porque se le ha dado atención a la gentrificación, porque es cierto que los han usado para eso en ciertas ocasiones.

En Madrid, por ejemplo, la gente blanca de clase media se fue de las escuelas públicas. Hubo un éxodo, fue tan fuerte, que las escuelas usaron la educación bilingüe para traerla de vuelta. Es algo que sucede en todo el mundo, aquí también. Sin embargo, si lograras mostrar la manera en que un programa bien establecido empodera a la comunidad, sin importar qué comunidad sea, creo que serviría mucho. Otra cosa esencial es que estos programas tienen que crecer. En este momento, la tensión surge porque no hay suficientes lugares para los niños que más necesitan los programas.

En algunas escuelas solo tienen espacio para un grupo, el de primer grado, digamos. Tienen veinte aprendices de inglés en el jardín de niños, pero solo pueden aceptar a diez porque hemos construido cohortes artificiales. Es una ingeniería social que me disgusta: tienen que traer a diez niños que dominan el inglés. Por eso ahora someten a los niños a pruebas: los que obtienen mejores calificaciones ingresan a los programas duales de lengua, y a los que en verdad necesitan el programa los ponen en ESL y no reciben ningún tipo de apoyo bilingüe. Luego decimos que a esos niños les va mejor. Por supuesto que les va mejor: ¡no son los mismos niños! Fueron preseleccionados, ese es el problema. Si pudiéramos extender estos programas de tal forma que hubiera lugar para todos, y si lográramos alejarnos de esta ingeniería social de 50 % de niños de este tipo y 50 % de este otro, sería genial. Esta división es una falacia porque ya no tenemos categorías de este tipo. Nuestro mundo es muy diverso, los padres y las madres vienen de lugares distintos, tenemos familias reconstituidas y también divorcios, y en este contexto, ¿cómo se clasifica a un niño como esto o aquello? Ese es el verdadero problema. Este es otro argumento para luchar por el crecimiento de los programas bilingües duales de lengua: necesitamos suficientes pupitres para hacer las cosas bien.

FJ: Debemos destruir el viejo modelo. Hay un problema con la cantidad de lugares disponibles, la zonificación entra en juego y genera una tensión enorme. La gente haría cualquier cosa por vivir en cierta zona y el valor de los bienes raíces se dispara. La zonificación es un mecanismo que imposibilita estos programas.

OG: El otro inconveniente es que el bilingüismo es fluido y, por lo mismo, las categorías no funcionan. ¿Por qué tener 50 % de niños de un tipo y 50 % de otro en un jardín de niños si, tres meses después, no van a estar en las mismas categorías? Los niños se mueven, aprenden el inglés o cualquier otro idioma. Es algo artificial, es un modelo linear de enseñanza, de cómo se adquiere la lengua y del bilingüismo. Yo abogo por un modelo más dinámico que, de alguna manera, reconozca el hecho de que usamos la lengua, de que «lenguamos» en distintas situaciones, y que esas situaciones son fluidas.

FJ: También afecta a las comunidades porque estas no coinciden con un panorama específico, crean su propio panorama. Por eso necesitamos una estrategia ascendente, de abajo hacia arriba.

OG: Esto debe reflejar a la comunidad, tienes que construir el programa que corresponde a tu comunidad. Uno de los problemas es que muchas de las escuelas se ven sometidas a restricciones porque tienen que mostrar que tienen 50 % de niños de un tipo y 50 % del otro tipo, y algunos directores solo lo inventan. Le dicen a la gente que las cosas tienen que ser así y, por lo tanto, crean situaciones absurdas. Para que los programas duales de lengua funcionen, deben beneficiar a la comunidad sin importar lo que esa comunidad desee y sea.

FJ: Me parece que los padres tienen una necesidad, lo tendré en mente, es en lo que me voy a enfocar.

OG: Todos los padres tienen una necesidad. Los padres pobres que acaban de inmigrar tienen ciertas necesidades y los programas de transición no les sirven. Por desgracia, no hay suficientes programas duales de lengua y por eso los niños terminan en programas ESL que no los benefician. Ahí es donde puedes ayudar a hacer que las cosas cobren forma.

FJ: Necesito pensar en eso. ¿Quién leerá el libro de *La revolución bilingüe*?

OG: ¡Todos tienen que leerlo!

FJ: Todos, claro, voy a escribir para los bilingües.

OG: Estás escribiendo sobre empoderar a comunidades, creo que ese debería ser tu mensaje. Esta revolución bilingüe empodera a las comunidades tal como son. También debes recordar que los programas bilingües duales de lengua fueron creados para implementar una integración artificial de los niños. Las comunidades podrían estar segregadas, pero necesitamos construir escuelas para ellas como son, no para cómo nos gustaría que fueran.

FJ: Cuando fui director de una escuela privada vi que los padres pagaban mucho para obtener ese tipo de educación. Ofrecerla en el contexto de las escuelas públicas y hacerlo lo bastante bien podría enviar un mensaje importante.

OG: En especial en una ciudad multilingüe que cuenta con recursos lingüísticos fabulosos.

FJ: Varios programas han transformado la escuela. A los niños les va muy bien, las familias están felices, los maestros son excelentes y los directores están recibiendo todo el reconocimiento que merecen. Si se hace esto en una escuela, ¿no nos gustaría que sucediera en todas las demás? Me gustaría terminar con esta idea: la educación bilingüe es para todos, pero también es para Estados Unidos. Luego podré abordar Francia.

OG: Creo que deberías incluir en tu libro algunos casos prácticos, algunos capítulos sobre el desarrollo de un programa dual de lengua en cierta comunidad y la manera en que transformó a la comunidad y la escuela.

FJ: Exacto, la idea es hacer eso, dar voz a los fundadores de esos programas y luego concluir con algunos capítulos que incluyan instrucciones, un plan de trabajo para tener un impacto en la escuela, crear el programa y cambiar a la comunidad. En ese sentido, sería más como un manual.

OG: Creo que es un momento muy importante para algo como esto porque ahora sabemos que las escuelas bilingües transforman realidades. Cuando yo era joven y empezamos a estudiar todo esto, la postura de Fishman era la del «mantenimiento de la lengua», pero a mí no me gusta este concepto. Yo preferiría hablar de «sostenibilidad de la lengua». Me parece que sostenibilidad es un término que aborda la ecología de una lengua y sus interrelaciones, así como la manera de protegerla sin aislarla. En fin, Fishman hablaba solo de mantenimiento y decía que esto solo era posible a través la transmisión intergeneracional en la familia, pero ahora sabemos que no es cierto: todas las revoluciones bilingües del mundo se han hecho a través de la escolarización.

Acabo de regresar de Gales. Hace cuarenta años, el galés se había perdido por completo, pero implementaron un programa bilingüe y ahora todos los jóvenes hablan inglés y galés. En el País Vasco también ha habido un cambio dramático y todo con base en programas escolares.

FJ: Con apoyo de las familias.

OG: Sí, y de las comunidades. Esta idea de hacer las cosas bien es justo lo que la comunidad puertorriqueña habría deseado para sus hijos hace años, al principio. Es lo que exigían los Young Lords. Los Young Lords exigían educación que en verdad fuera bilingüe sin importar las características lingüísticas. Pero eso no es lo que se implementó, lo que se implementó fue un programa para integrar, no para empoderar a las comunidades.

Conversación con Christine Hélot

Entre 1975 y 1990 la profesora Christine Hélot ocupó el puesto de conferencista de lingüística aplicada de la Universidad Nacional de Irlanda, también conocida como Maynooth University, donde fue directora del centro de lenguas. En 1988 obtuvo un doctorado en el Trinity College de Dublín, con la tesis «Bilingüismo infantil: un estudio lingüístico y sociolingüístico», supervisada por el doctor David Singleton. Asimismo, desde 1991 ha sido profesora del Institut Supérieur du Professorat et de l'Éducation, INSPÉ, de la Universidad de Estrasburgo, Francia.

En 2005 obtuvo la *Habilitation* por su investigación sobre el bilingüismo en los contextos del hogar y la escuela, publicada en francés en 2007 por l'Harmattan (París) bajo el título en francés *Du bilinguisme en famille au plurilinguisme à l'école*. Desde 2009 ha participado de manera regular en la maestría de educación bilingüe de la Universidad Pablo de Olavide en Sevilla, España.

Entre 2011 y 2012, Christine Hélot fue profesora en el Institut für Romanische Sprachen und Literaturen de la Goethe Universität en Frankfurt Am Main, Alemania.

En 2014 coeditó el libro *Children's Literature in Multilingual Classrooms*. Además del bilingüismo y el multilingüismo en los contextos del hogar y la escuela, su investigación se enfoca en el bilingüismo de los niños inmigrantes.

Christine forma parte de varias organizaciones, entre las cuales se encuentran la French Sociolinguistics Network, la Association pour le développement de l'éducation bilingue (ADEB), la Société des Anglicistes de l'Enseignement Supérieur (SAES) y la Association for Language Awareness. Asimismo, realiza trabajo de promoción del bilingüismo a través de varias asociaciones profesionales y culturales como D'une langue à l'autre (DULALA) en París, donde guía a padres y educadores para que mantengan el bilingüismo con éxito. Hace poco publicó *Bilingual*

Education in France: Policies, Models and Language Practices, un libro que resume los esfuerzos de la educación bilingüe en Francia.

Para Christine Hélot, la diversidad cultural y lingüística de Francia debería ser vista como un activo y, por lo tanto, estimulada con vigor.

Conocí a la profesora Christine Hélot hace bastante tiempo, gracias a otros expertos del bilingüismo. Con frecuencia ha viajado a Nueva York para hablar de su documental *Raconte-moi ta langue* (*Dime cómo hablas*) como parte de las actividades de la Embajada francesa. Admiro profundamente el trabajo que ha realizado en los últimos treinta años para ayudar a los maestros a entender que el bilingüismo en el hogar no es suficiente y que las escuelas deberían respaldarlo proveyendo material pedagógico y maneras innovadoras de enseñar el inglés, el árabe y las lenguas regionales de Francia.

Para Christine Hélot, todas las lenguas deben ser valoradas. En Francia, sin embargo, algunas se han transmitido menos porque cuando se definió el papel de las escuelas, el gobierno diseminó la idea del monolingüismo. Las escuelas debían enseñar en francés porque se esperaba que los niños se volvieran ciudadanos estudiándolo. En la actualidad, los maestros se encuentran en una situación difícil, les piden que enseñen y apoyen más de una lengua, pero la carga ideológica del monolingüismo sigue pesando sobre ellos.

Esta es la razón por la que, de manera equivocada, muchos de esos maestros suelen recomendarles a los padres que no les hablen a sus hijos en su lengua materna en casa, argumentando que eso hará más lento el proceso de adquisición del francés. Por desgracia, esto lo hacen sobre todo con los padres que hablan árabe, turco y otras lenguas consideradas como de bajo estatus en el marco de la sociedad francesa. A los padres que hablan alemán en Alsacia, por ejemplo, nunca les advierten que no hablen su lengua con sus hijos en el hogar.

Vale la pena examinar el caso de las lenguas árabes con detalle. Su erosión en Francia y otros países es muy desalentadora, los padres temen la discriminación, y su profundo deseo de asimilación socava el bilingüismo de sus hijos. En Estados Unidos y en Francia, el árabe se ha vuelto una víctima más en una larga lista de lenguas que sucumben a la creciente presión de los prejuicios sociales y étnicos. Por todo esto, es fundamental deconstruir la imagen negativa con que se ha relacionado a esta y, dicho sea de paso, a muchas lenguas más. El respeto de la sociedad por la lengua materna de un niño puede tener un impacto enorme en la motivación de este para hablarla de manera abierta. Por suerte, algunos padres y educadores han logrado reducir los prejuicios y, gracias a ello, como lo muestran las historias presentadas en el libro *La revolución bilingüe*, ahora es posible aprender en árabe o urdu en lugares como Nueva York.

La implantación de programas duales de lengua en árabe en Francia, sin embargo, requerirá de la colaboración y el apoyo de muchas fuentes distintas, pero, sobre todo, un verdadero entendimiento de sus beneficios y de los desafíos en el camino. Para Christine Hélot, educar a niños bilingües, dentro o fuera del salón de clase, y en cualquier país, exige ciertos métodos que permitan su participación para que haya autonomía en el proceso de aprendizaje. Por esta razón, el trabajo de los maestros y padres consiste en alentar a los niños a involucrarse de manera activa para que, en algún momento, puedan decidir por sí mismos cómo y cuándo utilizar las lenguas que hayan aprendido.

Mi conversación en francés con Christine destaca las dificultades que enfrenta la conservación del plurilingüismo en Francia y la lucha derivada de la política de conservación de las lenguas internacionales, pero en particular de las lenguas regionales. Su labor puede ayudarnos a entender los obstáculos que existen para mantener el multilingüismo, así como la eficacia de los programas bilingües en Francia y sus territorios de ultramar.

La educación bilingüe en Francia

Podcast The Bilingual Revolution: *episodio 3, Educación bilingüe, el retraso francés.*

*Nos referiremos a los participantes como 'FJ' (Fabrice Jaumont) y 'CH'
(Christine Hélot).*

FB: Hola, Christine, gracias por responder mis preguntas sobre el
bilingüismo. ¿Te podrías presentar brevemente?

CH: Hola, Fabrice, por supuesto. Soy Christine Hélot, profesora de
la Universidad de Estrasburgo. Soy profesora e investigadora y he
trabajado en el campo del bilingüismo desde hace casi cuarenta
años. Primero trabajé diecisiete años en Irlanda, en la Universidad
Nacional, y fue ahí, en Trinity College, que realicé una tesis sobre
cómo educar a niños con dos o más lenguas o idiomas en la familia.

FJ: Maravilloso. Entonces te especializaste un poco en esta área
específica del bilingüismo en las familias.

CH: Desde el principio hice estudios de lingüística y lingüística
aplicada. Me especialicé en esta área del bilingüismo, pero luego
empecé a trabajar enfocándome en el bilingüismo familiar. Trabajé
sobre todo con padres a los que entrevisté para conocer sus
estrategias y las dificultades que tenían para implementarlas. Les
pregunté quién hablaba qué lengua o idioma en casa, y cómo
lograban conservar en la familia una lengua poco o nada hablada en
el entorno donde vivían.

FJ: ¿Cuáles son los principales problemas que enfrentaron esos
padres y qué consejos o recomendaciones nos darías en general?

CH: ¿Los problemas principales en qué área? ¿En la de mi
investigación?

FJ: No, me refiero a las dificultades que enfrentan los padres
respecto al bilingüismo en el hogar. Por ejemplo, ¿qué
recomendaciones les darías?

CH: En aquel entonces me di cuenta de que, en comparación con la literatura científica, digamos, la mayoría de los estudios hasta la década de los setenta habían sido realizados por lingüistas que examinaban a sus propios hijos, en su propia familia. Todos estos estudios mostraban que el bilingüismo que se desarrollaba en el hogar no creaba ninguna dificultad, a los niños no les causaba problema hablar dos o tres idiomas. Sin embargo, yo decidí no estudiar a mis hijos y preferí reunirme con padres que me hicieron cobrar conciencia de lo difícil que podía ser transmitir la lengua cuando no se es lingüista ni se trabaja con sus propios hijos. Es a lo que una investigadora japonesa en Inglaterra denominó «el trabajo invisible» de la familia que desea transmitir su lengua a los hijos. Se trata de tomar decisiones y apegarse a ellas. Cuando un niño es educado en inglés todo el día en la escuela y regresa a casa por la noche, todavía tiene que hacer su tarea en el mismo idioma. Yo, por ejemplo, soy una madre francesa y mi estrategia consiste en hablarles en francés a mis hijos, sin embargo, nos vemos obligados a utilizar el inglés para las tareas. Por esta razón, el inglés se va a incorporar al hogar más y más, y, en especial a medida que los niños crezcan, cada vez será más difícil otorgarle un lugar al idioma de la familia.

FJ: Tengo un ejemplo cercano, mi propia familia. Lo que dices es algo que veo, en especial con las tareas: uno tiene que aferrarse al idioma del hogar para conservarlo.

CH: De por sí, las tareas en casa le exigen mucho tiempo a la familia monolingüe, sobre todo en Francia. Pero cuando uno tiene niños que estudian en una lengua distinta a la que se habla en casa, los problemas pueden aumentar de forma considerable. Sobre todo, esto permite que la lengua dominante ingrese a la familia y le quite espacio a la lengua del hogar. Sabemos que para que los niños adquieran dos lenguas tienen que estar en contacto con ambas de manera suficiente, por eso debe haber una buena cantidad de lo que en inglés se conoce como *language input*, «aporte de lenguaje».

Al principio, cuando el niño es aún bebé, los padres eligen la lengua que se hablará en casa, francés, por ejemplo. O tal vez un padre elige hablar una lengua y el otro habla la segunda. Así es como implementamos la estrategia en la vida cotidiana. En la investigación para mi tesis tenía, por una parte, familias que habían decidido hablar francés en casa, que no tuvieron demasiada dificultad para apegarse a su decisión y, por el otro, familias a las que les costaba muchísimo trabajo obedecer sus propias reglas porque tenían un empleo en inglés todo el día o porque los niños iban a la escuela, o incluso solo a la guardería, y luego regresaban a casa y traían consigo la lengua dominante y la incorporaban al hogar. Esto muestra por qué resulta lógico llamarle a esta labor el «trabajo invisible».

FJ: ¿Y qué piensas de las familias que toman la decisión extrema de no hablar con sus hijos en la lengua materna? ¿O que deciden no transmitirles esta herencia lingüística y, a pesar de no hablarlo bien, prefieren hablarles en inglés de manera incorrecta en lugar de en cualquiera que sea su lengua original?

CH: Es una pregunta muy interesante. En primer lugar, prefiero usar el término «lengua de referencia» en vez de «lengua original». Lo que suele suceder con las familias que no transmiten la lengua de referencia es que, cuando los niños llegan a la adolescencia, etapa en la que surgen muchas preguntas sobre la identidad, les reprochan a sus padres no haberles enseñado su propia lengua.

Al llegar a cierta edad es normal que un niño o niña que vive en Estados Unidos y sabe que su madre y/o padre hablan francés, se pregunte por qué no han hecho el esfuerzo de transmitirle su idioma. Porque cuando uno pasa una lengua a sus hijos, no solo les transmite la lengua, también les entrega toda la historia de la familia, de los abuelos y los bisabuelos.

Tampoco se trata de culpar a los padres que no lo hacen: los padres trabajan demasiadas horas al día. Transmitir una lengua en la familia no es tan sencillo como a la gente le gustaría pensar. También depende mucho del estatus de la lengua en la sociedad en la que uno vive. Comprendo, por ejemplo, que los padres arabófonos en Francia no les trasmitan el árabe a sus hijos porque, por un lado, les pasan de forma oral el árabe marroquí, tunecino o argelino, los cuales no forman parte del árabe clásico. Y, por otro, tienen miedo de que sus niños sean estigmatizados por hablar estas lenguas en el autobús o en la calle, fuera de casa. Es fácil comprender que los padres deseen proteger a sus hijos y que algunos prefieran no transmitirles una lengua o idioma estigmatizado por la sociedad.

FJ: Sin embargo, esta decisión tiene consecuencias. Muchos estudiantes cuya lengua materna es el árabe sienten vergüenza o dudan en hablarla, incluso si poseen los rudimentos, ya sea en el aspecto oral o la escritura.

CH: En efecto. Lo más terrible es que, si el árabe no se transmite, esos niños no pueden comunicarse con sus abuelos. Pero es algo que no solo sucede con el árabe. Yo soy una mujer francesa en Estados Unidos y, si no hablo mi idioma con mis hijos, y si mis padres no hablan inglés, no podrán comunicarse entre ellos, lo cual implica una gran pérdida de transmisión que puede tener repercusiones en la construcción de la identidad de los niños.

FJ: Es justo lo que sucede en Estados Unidos con los niños que hablan español, chino u otro idioma. Todo depende del estatus de la lengua en el país en cuestión.

CH: Así es. También podría citar, por ejemplo, el caso de mis tres hijos que fueron educados de manera bilingüe en francés e inglés, y que, por supuesto, se casaron con personas multilingües y se preguntaron qué idioma debían transmitirles a sus hijos, o sea, a mis nietos. Ahora los tres viven fuera de Francia y me cuentan que no les resulta nada fácil hablar francés en casa todo el tiempo y pasarles el idioma a sus niños. Siempre me piden que les recomiende libros, que les dé referencias de programas de televisión y de series breves en francés para niños. Están en constante busca de material pedagógico para proteger y mantener su propia transmisión de lengua.

FJ: Es lo que también haces con otras familias, darles referencias de fuentes.

CH: Sí, eso hago, sobre todo en asociaciones a las que pertenezco, como D´une langue à l'autre (DULALA), en París, y Famille Langues, en Estrasburgo.

Los padres se acercan y hacen preguntas: «¿Cómo puedo transmitirle a mi hijo mi lengua?, ¿si le hablo en dos o tres lenguas tendrá problemas de desarrollo del lenguaje?», etcétera. Hago mucho «trabajo de defensoría», de *advocacy*, como dicen en inglés.

FJ: También los tranquilizas.

CH: Los tranquilizo respecto a las ventajas del bilingüismo y, sobre todo, de la relación entre la lengua y la identidad. Como madre, esto también me resulta difícil porque hablo una lengua que mi hijo no habla. Esto crea una distancia entre nosotros y, aunque tal vez él no la perciba mientras sea pequeño, conforme pase el tiempo empezará a hacerse preguntas.

Además, es bastante sencillo introducir una lengua o idioma en el entorno natural de la familia, pero en el entorno escolar no sucede lo mismo. Sería un desperdicio que yo hablara una o incluso dos lenguas, y decidiera no transmitírselas a mis hijos yo misma, que le transfiriera esa responsabilidad a la escuela. Naturalmente, uno puede volverse bilingüe en una institución, pero la relación no es la misma que en el caso de una lengua transmitida por un padre o madre.

FJ: Mencionaste Estrasburgo. ¿Podemos hablar un poco sobre las lenguas regionales y, de manera específica, de la opción que tienen los padres de conservarlas o no? En particular en el contexto alsaciano.

CH: Es un contexto muy complejo porque la lengua regional que se habla en Alsacia es el alsaciano, un derivado del alemán que también se habla del otro lado de la frontera, en Alemania. Sin embargo, el alsaciano es muy distinto al alemán. Muchos hablantes de alsaciano también comprenden el alemán, pero no todos. No obstante, en la enseñanza bilingüe en Alsacia, se eligió el *Hoch Deutsch*, es decir, el alemán estándar, porque, a diferencia del alsaciano, el alemán estándar es una lengua escrita. El problema es que el alsaciano tampoco es una lengua estandarizada, el alsaciano del norte no es igual al del sur de la provincia, y para un programa bilingüe es muy difícil enseñar una lengua no estandarizada. Muy difícil, aunque no imposible.

FJ: ¿Podrías explicarnos esto?

CH: En la educación bilingüe es muy difícil enseñar una lengua que no está estandarizada, pero se puede lograr. La elección del alemán para los programas bilingües en Alsacia habría podido incluir el alsaciano y otorgarle un lugar más relevante. En los programas oficiales se reserva alrededor de una hora para enseñarlo, pero muchos de los maestros de estos programas bilingües francoalemanes no lo hablan. Como respuesta a esto, aunque no son muchos, hay movimientos militantes organizados y padres que les hablan en alsaciano a sus hijos. Esto es importante porque, como la mayoría de las lenguas regionales de Francia, el alsaciano está en peligro.

Ciertos padres exigen enseñanza bilingüe en alsaciano y francés, pero implementarla en el sistema público es en extremo difícil. La educación pública es un esfuerzo conjunto: 50 % en francés y 50 % en alemán. Lo mismo sucede con las otras lenguas regionales del país.

FJ: ¿Es el caso del bretón?

CH: Sí, del bretón, el catalán e incluso del vasco hablado en Francia. Se dice que el modelo es «igualitario», lo que significa que el francés y la lengua regional en cuestión se enseñan el mismo número de horas. En francés, de hecho, a estos programas se les llama «*paritaires*», una palabra que tiende a erradicar el término «bilingüe».

FJ: ¿Qué significa eso?

CH: Que en Francia hay reticencia a utilizar el término «bilingüe» para estos programas, lo cual no comprendo. Lo que sí sé es que en Estados Unidos existe el mismo rechazo.

FJ: Sí, sucede hasta cierto punto.

CH: Hace poco Ofelia García mencionó esto, la reticencia a utilizar el adjetivo «bilingüe» en todos los programas que existen en Estados Unidos. Es como si el bilingüismo todavía les causara miedo a algunos.

FJ: Es un verdadero tabú.

CH: Es un tabú y es una situación aterradora. Estos programas bilingües en lenguas regionales de Francia son muy interesantes. Existen desde 1972 y en ellos ha participado una gran cantidad de niños cuyos padres desean conservar la lengua regional y transmitirla a sus hijos.

En Alsacia hay dos maestros: uno que enseña principalmente en alemán y otro que enseña en francés. También existe el modelo en que un solo maestro enseña en las dos lenguas, es un educador bilingüe como los del País Vasco francés. Lo interesante de estos programas es que nacieron gracias a la fuerza de voluntad de los padres, quienes militaron para que se implementaran y fueran incluidos en el sistema de educación pública.

FJ: Podría decirse que iniciaron su propia revolución bilingüe.

CH: Sí, organizaron la revolución bilingüe en estas regiones de Francia para luchar por las lenguas que están en peligro y que representan la historia del país y los hablantes que desean mantenerlas vivas.

FJ: Tengo la impresión de que estamos regresando a este punto, es decir, que el bilingüismo se vuelve a poner un poco de moda y que la gente y las autoridades empiezan a cobrar conciencia de que se debería dejar de ser monolingüe. En tu opinión, ¿de dónde surge esto?

CH: Es algo que surge de la realidad de la situación. Cuando voy a las guarderías de Estrasburgo, por ejemplo, lo primero que pregunto es cuántas lenguas se hablan en las familias, y no es raro que en una pequeña institución se hablen 14 o 20. En una de mayor tamaño, como la que está cerca de la estación de Estrasburgo, las familias hablan, en conjunto, unas 120. Por supuesto, estos niños ya están inscritos en guarderías, y ahí uno no sabe qué hacer con tantas lenguas en una etapa de desarrollo que es esencial para la adquisición del lenguaje. Luego asistirán al jardín de niños porque este es obligatorio a los tres años, y ahí se encontrarán en grupos con maestros que no cuentan con preparación para responder a las exigencias del multilingüismo.

FJ: Es algo que vemos en los profesores monolingües.

CH: Exacto. Muchos tienen la idea de que los niños deben aprender francés, y que la lengua materna obstaculiza su buen desarrollo. Esto comienza a cambiar, pero cuando los maestros realizan sus estudios no se piensa mucho en estas cuestiones.

FJ: ¿Crees que eso se podría resolver modificando la formación de los maestros?

CH: Estoy convencida de ello.

FJ: Entonces, ¿te sientes optimista?

CH: No sé si me siento optimista. El asunto de la formación de profesores en Francia me parece muy problemático, y no solo en lo referente a las lenguas e idiomas, sino en todas las disciplinas. De hecho, creo que deberían reformarla por completo. La formación de los maestros en Francia suele ser muy disciplinaria, se limita a la didáctica de la matemática, del francés y del inglés o el alemán dependiendo de la lengua que se enseñe en las primarias.

Debemos señalar, sin embargo, que en Francia se les enseña lenguas extranjeras a todos los niños a partir de que ingresan al primer grado, y en ciertas escuelas públicas la enseñanza comienza en el jardín de niños. Las clases, sin embargo, solo se imparten dos horas por semana, lo cual no es muy eficaz. Aunque, claro, es mejor que nada.

FJ: No deja de ser solo una iniciación al inglés.

CH: Sí, es una iniciación. Los maestros reciben una formación que les permite enseñar inglés o alemán, pero muy pocos tienen una preparación relacionada con la cuestión del multilingüismo. Muy pocos saben cómo recibir a todos esos niños que hablan varios idiomas, que pertenecen a culturas distintas o que son híbridos provenientes de familias interculturales.

Es indispensable que se aborde este problema en las instituciones de educación magisterial. Algunas escuelas de educación superior magisterial otorgan un poco más de tiempo a estos temas, pero son poco comunes. En el nivel universitario también hay maestrías donde empiezan a analizarse dichas cuestiones, pero siguen siendo insuficientes.

FJ: ¿Has detectado prácticas benéficas? ¿Hay instituciones que funcionen mejor que otras o que hayan abordado el problema con un enfoque que pueda ser desarrollado más adelante?

CH: Siempre doy el ejemplo del País Vasco español, donde existe una verdadera política lingüística para el vasco, una lengua que a las familias se les prohibió hablar hasta 1976, es decir, cuando murió Franco. Hasta 1976 uno podía denunciar a su vecino si lo escuchaba hablarles a sus hijos en vasco, la gente podía terminar en la cárcel. Cuando murió Franco, los vascos, quienes consideraban que su lengua era la más antigua del mundo y una pieza fundamental de su identidad, desarrollaron políticas lingüísticas que se convirtieron en auténticos modelos, en particular en lo referente al asunto de la formación de maestros sobre el que acabamos de hablar.

Estas políticas implican preparar a los maestros en cuatro años para que puedan enseñar vasco y mejorar sus habilidades en esta lengua. Es una formación de calidad cuyos resultados son visibles en las escuelas, ya que una gran mayoría, entre 60 % y 70 % de los niños, son educados en vasco.

También tienen algunas horas de clase en español e inglés. Ya desde los años setenta, las investigaciones realizadas en el País Vasco mostraban que los niños educados en programas bilingües vasco-españoles tenían habilidades y ventajas para la adquisición del inglés. Asimismo, la pedagogía fue renovada.

La enseñanza en el País Vasco se basa en un proyecto pedagógico, es decir, si el maestro trabaja en el tema del agua, por ejemplo, se lee un texto en vasco, las preguntas se responden en inglés y quizá se escriba un texto en español. La pedagogía bilingüe no es una pedagogía doble del monolingüismo. El modelo del País Vasco es impresionante y, por cierto, la región cuenta con evaluaciones PISA (*Programme international pour le suivi des acquis des élèves*) muy favorables. Sé que estas evaluaciones han sido criticadas, pero de cualquier manera son un buen punto de referencia.

FJ: Quieres decir, ¿no solo en términos de la lengua?

CH: Sí. Estos niños, de manera general, no hablan el vasco en casa, lo adquieren en el preescolar desde los tres años o incluso antes, a los dos años, edad en la que uno puede inscribir a sus niños en una guardería en la que la enseñanza se imparte en vasco. Este es un ejemplo de una lengua que estaba en vías de desaparición, en peligro de extinguirse, pero que fue revitalizada gracias a la implementación de una política. Por una parte, dicha política tiene un respaldo financiero, pero también se replanteó la formación de los maestros. Hay algunos muy bien preparados, así como abundantes investigaciones sobre estos temas, financiadas también por el gobierno vasco. Cuando uno participa en estas clases es posible ver la eficacia de la enseñanza.

FJ: Acabas de publicar un libro de referencia sobre el bilingüismo en Francia. ¿Nos puedes hablar un poco de este tema y de tu libro?

CH: Yo tenía muchos deseos de escribirlo. En realidad, lo redacté en colaboración con un colega de la Universidad de Frankfurt para sustentar el aspecto científico de la educación bilingüe en Francia.

FJ: ¿Cómo se llama el libro?

CH: *L'Éducation bilingue en France : politiques linguistiques, modèles, et pratiques* (*La educación bilingüe en Francia: políticas lingüísticas, modelos y prácticas*) Fue publicado en Limoges por Lambert-Lucas, un editor de obras científicas de referencia en las áreas de la lingüística y de la ciencia del lenguaje. El libro responde, entre muchas otras, a la pregunta que con frecuencia me hacen los estudiantes extranjeros: ¿Qué se hace en Francia respecto a la educación bilingüe?

Antes de la publicación de este libro no había ninguna obra que resumiera el trabajo que se estaba realizando. Todo se había hecho de una manera muy dispersa, en particular en las áreas de la didáctica de las lenguas, el FLE y la creolística, que en francés llamamos *créologie*. Mi deseo era reunir todo lo que se había hecho en Francia y ofrecer un análisis desde un punto de vista político, didáctico y pedagógico.

El libro se divide en seis partes y decidí comenzar con lo que se había hecho en el exterior de lo que llamamos *la métropole*, es decir, en las regiones y los departamentos de ultramar, donde se habla una gran cantidad de lenguas. Algunas de estas son reconocidas como lenguas de Francia, pero otras no. Los maestros en estos lugares se tienen que enfrentar a estudiantes que llegan hablando toda esta variedad de lenguas a la escuela, y ahí tiene lugar mucha experimentación.

Aunque son muy interesantes, los experimentos no han sido muy difundidos porque los publicaron en revistas académicas poco conocidas. Después quise incluir en el libro las lenguas regionales porque representan una gran riqueza para Francia y, como ya lo mencioné, están en peligro.

Desde 1992 tenemos programas bilingües que han mostrado su eficacia, pero tampoco son muy conocidos. Por último, quise incluir el lenguaje de señas porque los niños sordos que no cuentan con aparatos ni implantes, pero que hablan este lenguaje con sus padres o en la escuela, también son niños bilingües. En Francia se ha realizado un trabajo importante respecto al lenguaje de señas y el bilingüismo de los niños sordos.

El libro tiene cinco capítulos sobre el lenguaje de señas porque es un tema que me preocupa. A continuación, hay toda una sección sobre lo que llamamos *lenguas extranjeras* y todo aquello que conocemos bien en Francia: las secciones (departamentos escolares) europeas e internacionales; las secciones orientales que poca gente conoce; y las secciones binacionales.

Hay series completas de sistemas bilingües que, debido a la confusión terminológica, la gente no conoce o no comprende bien a pesar de que la mayoría de los padres en Francia en verdad quiere que sus hijos se vuelvan bilingües a través de los distintos programas.

FJ: ¿Te parece que existe ese deseo?

CH: La sección europea, que está abierta para los niños monolingües, por ejemplo, es muy solicitada, pero no hay lugares suficientes.

FJ: Eso es, no hay suficientes lugares.

CH: No se pone a prueba a los niños, pero por lo general, los que ingresan a estas secciones o departamentos son los que tienen mejores calificaciones, y la explicación es que su estudio exige más trabajo y más horas de clase.

FJ: Pero en realidad, no es el caso. Tal vez deberían extenderse un poco más los programas.

CH: Así es. Yo estoy de acuerdo con Ofelia García, quien dice que en el siglo veintiuno todos los niños deberían tener acceso a la educación bilingüe. El problema es que los padres no desean este tipo de sistema.

FJ: Y nadie debería forzarlos.

CH: No se trata de forzar a todo mundo a educar a sus hijos en dos lenguas, sin embargo, en Francia, la gran mayoría de los padres quiere hacerlo y la demanda es mucho mayor que la oferta.

En mi libro también hay una parte sobre las lenguas y los idiomas de la inmigración, y sobre cuáles no tienen derecho a formar parte de la educación bilingüe. Hay muchos, como el turco. En Francia no hay examen CAPES de turco. Existen también las mal llamadas secciones orientales, en las que podría establecerse la enseñanza bilingüe en árabe, pero son demasiado escasas debido a que muchas instituciones escolares no quieren impartir esta lengua en sus liceos y atraer a los arabófonos. Asimismo, como estos departamentos solo ofrecen el árabe clásico, los alumnos que hablan árabe dialectal en casa tienen la impresión de que hablan un árabe incorrecto. ¡Hay toda una problemática relacionada con las lenguas de la inmigración!

En la última parte del libro invité a especialistas de otros países para que hablaran de sus investigaciones más recientes sobre la enseñanza bilingüe y para discutir respecto a lo que se hace en Francia y en otros países

FJ: ¿Y hablaron sobre el cerebro, por ejemplo?

CH: No, porque mi colega, Jürgen Erfurt, y yo queríamos que el libro se concentrara en el tema de las políticas lingüísticas educativas y en lo que impide el desarrollo de los programas bilingües. También queríamos enfocarnos en el tema de la didáctica y la pedagogía, así que no pudimos hablar de otras cosas. El libro pertenece más bien al ámbito de la sociolingüística y de la psicolingüística. Habríamos podido escribir un capítulo sobre este tema, pero queríamos publicar el libro en un solo volumen porque la mayoría de la gente no adquiere dos. Fue también por razones prácticas. Habríamos tenido que buscar investigadores franceses que escribieran sobre el tema del cerebro en francés, ya que decidimos publicar en este idioma. Hay muchos libros redactados en inglés, así que no vale la pena añadir más literatura. Nuestra idea era poner los temas que mencioné a disposición de los lectores franceses.

FJ: Christine, ¿cuál sería tu deseo respecto al bilingüismo y el desarrollo de la educación bilingüe en Francia?

CH: Me inquieta mucho el problema de la desigualdad escolar. Creo que ciertos tipos de bilingüismo están estigmatizados en Francia, en particular el bilingüismo de los pobres, como le llama Jim Cummins, investigador canadiense. A diferencia de lo que sucede con el bilingüismo de las «élites», la mayoría de los padres no desea, admira ni legitima el bilingüismo de los pobres.

Todos los niños que hablan otros idiomas o lenguas en casa se convierten poco a poco en individuos bilingües, y por eso se debería reconocer el valor de todas las formas de bilingüismo. Yo siempre les recuerdo a mis estudiantes que un niño no elige la lengua en que sus padres le hablan, y que un niño que habla árabe, turco, inglés o alemán, y al mismo tiempo está adquiriendo el francés, es un pequeño individuo que se volverá bilingüe en el futuro.

La situación desigual de las lenguas no debería influir sobre la percepción que se tiene de las competencias lingüísticas de dicho niño. La escuela francesa se ha vuelto desigual y la educación bilingüe no debería añadir una capa más a esta problemática. Sabemos que las secciones internacionales son elitistas. Hoy hablamos sobre todo del inglés y las lenguas extranjeras, y, aunque mencionamos el árabe, solemos olvidar que en Francia lo hablan por lo menos tres millones de personas.

Una joven que escuché en una entrevista mencionó que había oído hablar árabe en su escuela, lo cual me sorprendió mucho porque todavía quedan instituciones en las que está prohibido hablar las lenguas de la inmigración en clase o incluso en el patio.

FJ: ¿Qué perspectivas hay para el desarrollo del árabe como materia en las escuelas en Francia?

CH: Me parece que se necesitaría una verdadera voluntad política. El hecho de que el árabe sea una de las lenguas que se pueden enseñar en la primaria a la par del inglés, el alemán, el español, el italiano o el portugués, es prueba de que dicha voluntad existe. No obstante, la enseñanza del árabe no se implementa en las escuelas porque lo que hace falta es la voluntad de enseñarlo en verdad.

Nos dan todo tipo de justificaciones, empezando por la falta de maestros, pero tenemos a los hablantes de ciertas lenguas y podríamos brindarles una formación. Hace poco, Jean-Michel Blanquer, ministro de la Educación Nacional, generó una enorme polémica en Francia con solo mencionar la enseñanza del árabe, pero no se trata nada más del árabe, también están el turco y otras lenguas. Es cierto que, cuando vemos los documentos oficiales, es posible constatar que en Francia se ofrece una gran diversidad de idiomas y lenguas, pero la mayoría de los estudiantes elige el inglés y el español.

FJ: ¿Habría que aumentar la oferta?

CH: Es necesario ampliar el espectro de lenguas que ya se ofrecen, pero que no han sido implementadas de manera concreta. Sobre todo, tendríamos que reconocer que estos niños que en casa no hablan francés sino otras lenguas son bilingües o multilingües, y que eso les ofrece una ventaja extraordinaria. Pero lo más importante es que este bilingüismo sea valorado porque, mientras se le siga menospreciando y estigmatizando, no tendrá efectos positivos en los aspectos cognitivo o social.

Me gustaría terminar mencionando un aspecto positivo: hoy en día hay muchos enfoques pedagógicos eficaces para la enseñanza bilingüe, en particular para los pequeños que están en jardín de niños y que apenas se van iniciando en las lenguas. Esto nos permite incluir las de todos los niños gracias a actividades les ayudan a abrirse a las lenguas y las culturas de otros. Este modelo es bastante común en otros países europeos, y en Francia podría imbuirles a los más pequeños el gusto por las otras lenguas para que más adelante ellos mismos elijan cuál les gustaría estudiar en la secundaria, por ejemplo.

FJ: Muchas gracias, profesora Hélot.

CH: De nada, gracias a ti, Fabrice, fue un placer.

Conversación con Mbacké Diagne

En la semana de Acción de Gracias de 2019 tuve la oportunidad de viajar a Senegal para cumplir con varios compromisos. Presenté mi libro *Unequal Partners* y su traducción francesa en el West African Research Center (WARC).

También tuve el gusto de visitar la Universidad Cheick Anta Diop, en Dakar. Además de la emoción de presentar mis libros en el programa Kenkelibaa de Radio Télévision Sénégalaise con la presentadora Khady Ndiaye, y de compartir el set con Abdoulaye Fodé Ndione y Antoinette Correa, dos de los principales editores comprometidos con el desarrollo de la lectura y el acceso a los libros en África Occidental, tuve el placer de hablar de la importancia de la educación bilingüe para África con Mbacké Diagne, un respetado y reconocido profesor que se desempeña como director de investigación del laboratorio de lingüística y gramática inglesa y africana de la universidad.

Durante nuestra conversación, el profesor Diagne explicó que lo que está sucediendo en Senegal es representativo de la difícil situación lingüística que enfrentan los países africanos. El lugar de lenguas nacionales como el wólof y el pulaar (también llamado fula) en los sistemas escolares, por ejemplo, continúa siendo desigual *vis-à-vis* del lugar que ocupan el francés o el inglés, situación que permanece en el centro de los debates actuales, ya que se relaciona con el fracaso académico de los estudiantes y con dificultades de identidad, así como con el desarrollo económico del país.

La lucha contra la pobreza a través del mejoramiento de la educación en los países en desarrollo se ha convertido en un asunto de gran importancia. De acuerdo con el documento de la UNESCO intitulado «Institute for Statistics and the Global Education Monitoring Report», 420 millones de personas podrían dejar de ser pobres si tuvieran acceso a la educación media. Para lograr este objetivo, los estudiantes deben leer y escribir de manera correcta, pero es claro que los países de África subsahariana en general están lejos de alcanzar este objetivo, es decir, de asegurar que todas las niñas y niños del continente terminen la preparatoria por lo menos. Tras fracasar debido a que no pueden ni leer ni escribir, la mayoría de los niños abandona sus estudios, ya sea de manera voluntaria o a la fuerza. Para remediar esto y mejorar los sistemas de educación de los distintos países africanos, sería necesario establecer estándares simples que garanticen educación de calidad y un desarrollo armonioso desde una etapa temprana de la infancia, y que los niños utilicen su lengua materna.

La educación en África subsahariana francófona ha mejorado mucho desde principios de los años dos mil, pero la calidad sigue siendo cuestionable: más de 50 % de los niños carecen de las habilidades básicas que se espera que tengan al terminar la escuela primaria, y el factor lingüístico juega un papel de importancia en esta carencia.

Hoy en día, el francés es la lengua de enseñanza a partir del primer año, pero el bajo nivel de dominio en los niños y los maestros pone en riesgo el éxito del aprendizaje temprano y la continuidad de la enseñanza. De acuerdo con estudios realizados en torno a las lenguas en la educación básica en África subsahariana francófona, la introducción de las lenguas maternas en los primeros años de la escuela primaria es lo que hace posible establecer cimientos más sólidos para el alfabetismo antes de presentar el francés, de ahí la necesidad de desarrollar la educación bilingüe.

En esta conversación en francés, el profesor Diagne me explicó la importancia de apoyar la construcción y el desarrollo continuo del alfabetismo en la lengua materna de los niños, y, a través de su experiencia personal, indagó en el tema de por qué las sutilezas culturales pueden hacer la diferencia en la manera de enseñar la lengua. En su opinión, los programas bilingües deberían basarse en todas las experiencias y el conocimiento que los niños adquieren a través de su lengua materna en los primeros años de vida.

La educación bilingüe es una necesidad

Podcast The Bilingual Revolution, *episodio 16: Sans une révolution bilingue, comment l'Afrique peut-elle vraiment se développer ?*
Nos referiremos a los participantes como 'FJ' (Fabrice Jaumont) y 'MD' (Mbacké Diagne).

FJ: Buenos días, profesor Diagne, gracias por estar hoy con nosotros. ¿Podría presentarse de manera breve?

MD: Buenos días. Me llamo Mbacké Diagne, soy doctor en lingüística e investigador del programa de posgrado del Centro de lingüística aplicada de Dakar. Antes de venir a esta universidad fui maestro en escuelas primarias y secundarias, también fui inspector de educación y director de centros de formación para maestros. Cuando llegué aquí, realicé una tesis de descripción lingüística del diola, una lengua que se habla al sur del país. Actualmente, sin embargo, trabajo en otros temas como el bilingüismo y la educación bilingüe. Asimismo, me especializo en análisis del habla.

FJ: Maravilloso. Como estamos en Dakar, podríamos empezar hablando de Senegal. ¿Qué lenguas se hablan aquí y qué relación existe entre ellas?

MD: En el contexto africano, nuestro país está muy marcado por la presencia de varias lenguas que podemos dividir en dos grupos. El primero es el de las lenguas nativas, las que nacieron en el continente, las lenguas originarias de cada país, a las que identificamos con el término «lenguas nacionales». En nuestro caso, según las cifras oficiales, son alrededor de veintidós.

FJ: ¡Veintidós lenguas!

MD: Sí, son entre veintidós y veinticinco, pero solo veintidós han sido clasificadas. Tienen un alfabeto que fue interlineado y validado por los servicios técnicos del estado.

FJ: ¿Y cuáles son las más importantes?

MD: Hay seis que son de particular importancia, las primeras seis que fueron codificadas: el wólof, el serer, el pulaar, el mandingá, el soninké y el diola. Entre estas seis primeras lenguas hay dos con un avance bastante marcado en lo referente a la documentación, equipamiento y preparación de la investigación: el wólof y el pulaar. Les siguen de cerca el serer y también un poco el diola. El segundo grupo lo conforman las lenguas o idiomas extranjeros. Les llamamos extranjeros porque llegaron en el contexto de la escolarización colonial, son los que se hablaban al principio, antes de los movimientos de independencia, los que se continuaron usando en el sistema educativo, y que yo diría que mejoraron tras la independencia. En primer lugar, se encuentra el francés y después tenemos todos los otros idiomas internacionales de importancia que se enseñan. Todos los estudiantes hablan dos lenguas porque es obligatorio en los sistemas de nivel medio. Cuando los niños terminan la escuela primaria deben tomar clases de inglés hasta llegar a la universidad.

FJ: Como una clase de lengua extranjera, ¿cierto? Solo algunas horas por semana.

MD: Sí, los horarios escolares incluyen dos horas y media de clase a la semana. Al inglés le siguen de cerca idiomas como el español, el ruso, el portugués y el alemán. Hoy en día, en la universidad también tenemos algunos idiomas nuevos como el italiano, en el Departamento de lenguas romances. También tenemos lenguas adicionales que llegaron al nivel universitario, como el persa. Y contamos con un instituto independiente, el Confucius Institute, donde los estudiantes pueden aprender chino si así lo desean.

FJ: Comprendo, entonces el chino llegó a la universidad.

MD: Sí. Hay las lenguas extranjeras que se convirtieron en materias, pero el francés sigue siendo el vehículo oficial en el sistema educativo. También tenemos las lenguas nacionales que se están atreviendo a tocar las puertas de la universidad por vez primera desde la independencia. Se han realizado muchos experimentos y los resultados fueron buenos, pero hasta este momento nos ha tomado mucho tiempo generalizar. Esa es la situación de las lenguas explicada de manera breve.

FJ: Y en el sistema educativo, ¿cuál es la lengua que se enseña principalmente en las escuelas primarias y secundarias? De la universidad hablaremos más adelante.

MD: El francés es el idioma que más se enseña y, de hecho, también enseñamos ciertas materias en francés. El wólof y el pulaar son parte de las clases, pero solo de manera experimental. También se realizan experimentos de bilingüismo simultáneo, en los que se enseña el wólof y el pulaar al mismo tiempo en clase.

FJ: Pero eso continúa en fase experimental.

MD: Sí. Bueno, ahora están en proceso de aumentar el número de escuelas en que se está experimentando, pero el problema es que no se les da seguimiento a los experimentos. El proyecto termina y hay que volver a empezar de cero. Acabamos de terminar un experimento interesante realizado con una ONG, la ARED. En él se impartieron el wólof y el pulaar hasta el tercer año de las escuelas primarias, pero como depende de financiamiento externo, cuando los patrocinadores dejan de financiarnos, el proyecto se viene abajo.

FJ: Se termina.

MD: Sí. Actualmente tenemos un estudio llamado LPT, *Lecture pour tous* (Lectura para todos). Está financiado por los SAID, pero solo se implementó para la lengua materna. Esto es un problema porque, mientras nosotros hablamos de la educación bilingüe, ellos solo se enfocan en la lectura en lengua nacional y, en mi opinión, no es un proyecto viable. Lo que sí es viable es que las lenguas cohabiten en el salón de clase, lo cual puede resultar ventajoso para los estudiantes porque la lengua nacional permite capitalizar las experiencias que el niño vive, incluso antes de que empiece a ir a la escuela. En esa etapa, como usted dijo, se puede enseñar el francés durante la apertura a las ciencias, a las disciplinas exactas y a la cultura extranjera.

FJ: Pero hasta ahora, las cosas no se hacen así para nada.

MD: No, para nada.

FJ: El niño llega hablando el senegalés, su lengua.

MD: Correcto.

FJ: Luego, en el primer año escolar…

MD: …le impiden hablarla. He reflexionado sobre esto y por eso me pregunto: ¿Cómo quieren tener premios Nobel si, a un niño que ya descubrió el mundo, que durante siete años ha integrado su entorno a su lengua, ya sea con su familia o en el ambiente inmediato a esta, llega un día a la escuela y le dicen que tiene que olvidarse de todo eso? Es decir, después de siete años de experiencia, le decimos a un niño que tiene que empezar a aprender otro idioma para comprender el mundo. Y luego, para que llegue a percibir el mundo a través de este nuevo idioma, tendrá que esperar seis años porque solo al final de las clases de nivel intermedio, durante el sexto año, empezará a dominar el francés y a entender el mundo de nuevo. ¿Cómo se sobrepone un niño a este retraso? No es normal. Si se añaden estos seis a los primeros siete años, termina uno con trece años perdidos, así que, cuando comparan a este niño con otro que fue educado en su lengua materna, en francés o en inglés, tiene un retraso de trece años.

FJ: Pero hay excepciones.

MD: Hay excepciones porque hay muchas desventajas. Uno aprenderá matemáticas y física en una lengua extranjera, cuyos conceptos aún no están claros en su mente.

FJ: Incluso leer o escribir, si uno no aprende a hacerlo de manera simultánea...

MD: Así es. También me gustaría poner mi experiencia como ejemplo. Yo estudié en francés de la primaria a la universidad, sin embargo, hubo conceptos que no comprendí sino hasta que me contrataron en la universidad y tuve la oportunidad de viajar a Francia para estudiar y ver de qué se trataba todo.

FJ: Fue a ver qué significaba todo lo que había aprendido.

MD: Sí. Por ejemplo, la primaria la estudié entre 1965 y 1970, y los libros de texto se enfocaban en el universo cultural francés.

FJ: Los ancestros, los *gaulois*...

MD: No, no los ancestros ni los *gaulois* (galos), esos son nuestros mayores. Las cosas habían cambiado un poco, pero en los libros *Matins d'Afrique* no hablaban de África, hablaban de pinos y abetos, y yo nunca había visto esos árboles siquiera.

FJ: Pinos y abetos en un libro llamado *Matins d'Afrique, Mañanas africanas*...

MD: ¡Exacto! No fue sino hasta después de haber sido maestro de preparatoria, haber estado en París y Caen, y haber viajado a Normandía, que alguien por fin me mostró pinos y abetos. Esta es una historia que cuento con frecuencia porque me parece que es aplicable a todas las disciplinas. A pesar de que se supone que el conocimiento debe mejorar tu capacidad de entendimiento y transformar el lenguaje normal, a nosotros nos enseñan las palabras, pero sin su realidad. Si no sabes cuál es el significado del significante, no tienes el significado. Tienes la lengua, pero sin una referencia, ese es el obstáculo. Y lo más problemático de nuestro sistema educativo, el cual ya sufre de una falta de calidad, está en ese nivel.

FJ: Porque el mundo lo descubrimos cuando somos niños.

MD: ¡Sí! Descubrimos el mundo, atravesamos un proceso de desarrollo mental, y todas estas situaciones provocan un traumatismo. Mi padre es analfabeto y mi madre es un ama de casa francesa, también analfabeta, por esta razón, mi primer contacto con la lengua fue en la escuela, en el salón de clases. En la ciudad continuamos hablando wólof y ahora todo empieza en francés. Es como si te dieran clases en latín. Todo esto provoca heridas permanentes. Yo tengo un problema con la lengua francesa, no porque no me guste, sino porque mi contacto con ella ha sido incorrecto.

FJ: El contacto es brutal y los niños nunca lo olvidan.

MD: Exacto. Es por eso por lo que, en especial en Senegal, la gente se dirige a otras lenguas o idiomas. Muchos están más dispuestos a aprender inglés y renunciar al francés. La lengua francesa se maneja de una manera torpe en este país. Incluso al usar las palabras, la gente prefiere usar palabras en inglés.

También en el salón de clases, en el reino de los estudiantes, el wólof juega un papel de menor importancia. Puedes ir, hablar con ellos y descubrir que tienen un retraso de seis años. Si no se los impides, te van a hablar en wólof, así que, de manera necesaria, la lengua materna debe tener presencia en el sistema educativo. No para remplazar al francés o el inglés, sino para acompañarlos.

FJ: ¿En condiciones de igualdad?

MD: Sí. ¡Eso es el bilingüismo! Si lo vemos de esta manera, es una necesidad. La educación bilingüe es una obligación, una necesidad. Nosotros ya no podemos decir que el francés no es parte de nosotros. Yo lo llamo «patrimonio nacional». No es una lengua nacional, sino un patrimonio nacional. El francés es ahora un patrimonio nacional para los países colonizados por Francia, pero no es una lengua nacional. Hay cosas que no podemos decir en francés, me refiero a las cosas que puedo enunciar en wólof, que le dan sentido a mi vida. Sin importar mi nivel de dominio, no puedo decir esas cosas en francés. Ese es el verdadero inconveniente. Por eso creo que quienes reflexionan en verdad, saben que se trata de un impedimento. Escribí un artículo que intitulé «La gobernanza lingüística en Senegal frente a la emergencia socioeconómica».

FJ: ¿Un impedimento para…?

MD: El surgimiento socioeconómico.

FJ: ¿Porque hay un vínculo?

MD: Sí, es como un cordón umbilical.

FJ: Explíqueme por favor.

MD: En esencia, el desarrollo es inclusivo y participativo. El desarrollo es resultado del esfuerzo y de las actividades de la población, no son políticas escritas en francés que tratamos de traducir. Pero la población comprende solo una parte y, en su mayoría, ni siquiera siente que muchas de las cosas que han sucedido de manera consistente le afecten. No comprende el mensaje. Hay una fractura debido a la lengua, una ruptura entre los gobiernos y la población. Es el mensaje que los actores de la población reciben, pero no puede ser transmitido porque ellos no hablan francés de manera adecuada. Es desarrollo y ejecución. Voy a tomar como ejemplo la agricultura. El estado define una política, dice cómo se va a implementar y qué se tiene que comprar. Son ellos quienes deciden. Los precios son elevados. Ellos traen todo y, al final de la temporada de invierno, se entera uno de que, según los agricultores, las semillas que les trajeron no eran las correctas.

No es sino hasta después de que hicieron todo, de que plantaron y cosecharon, que se dan cuenta de que no estuvieron trabajando con el material adecuado. Si el proceso fuera inclusivo y si todos hablaran la misma lengua, los granjeros podrían haberle explicado al gobierno qué tipo de semillas necesitaban. El segundo aspecto es la administración.

Le hablaré de la administración territorial que divide a las regiones debido a que tenemos una política de descentralización y de desconcentración. Estos administradores también se convierten en intérpretes en lugar de ser agentes del desarrollo, es decir, personal técnico que en verdad ayude. Se pasan todo el tiempo explicándole a la población las políticas que se definieron en las esferas más altas. Y, por lo general, la mayoría no puede ni siquiera traducir el mensaje del francés al wólof. Le daré otro ejemplo.

Digamos que quiere expresar en wólof el presupuesto o financiamiento asignado a la agricultura o a los campesinos. Es obvio que hay que hacer todo en wólof, pero, si uno no sabe cómo decir las sumas de dinero en esta lengua, ¿cómo va a comprender? Además, muchos de quienes hemos estudiado el francés en escuelas francesas no podemos decir los números de manera correcta, tenemos que hacer *code switching*, hablamos en wólof, pero luego decimos las cifras en francés, así que el granjero no entiende nada y, por lo tanto, hay un obstáculo. ¿Cómo lo llamé? Ah, sí, «obstáculo epistemológico». Es algo que provoca tensiones en la comunicación y que sucede cada vez que los administradores se reúnen con la población.

A veces es incluso dramático porque hay un administrador con malas intenciones que trata de sacar provecho de la situación. Recuerdo que, un día, cuando enseñaba en una escuela primaria en el páramo de un pueblo, un prefecto suplente, el administrador de la subprefectura, se reunió con el presidente de la comunidad general, quien era analfabeto. Era el presidente de una serie de pueblos. La persona a cargo del presupuesto era el prefecto suplente, es decir, era quien podía autorizarlo o no.

Cuando presentó los documentos con el presupuesto y los programas que quería implementar, debió de haber calculado las cifras en francés. La gente del pueblo escribió cuatro o cinco «ceros» para expresar cien mil, pero entonces él se aleja y añade más ceros, así que, donde debía decir 100 000, ahora decía 1 000 000. La gente no entendía nada, así fue como, en las décadas de los setenta y los ochenta, muchos de los administradores se aprovecharon...

FJ: ...de la situación.

MD: Sí. Luego vino a quejarse, vino acompañado de alguien más con quien ya se había puesto de acuerdo y me dijeron que me tenían en sus manos porque firmé por 100 000 francos, y cuando volvieron los precios eran de 2 000 000.

FJ: Entonces podemos suponer que, si la gente no se puede comunicar, nada funciona para el desarrollo económico.

MD: En efecto, es imposible. Soy categórico al respecto. Deberíamos pensar en las políticas. Deberíamos obtener fondos y quintuplicar los presupuestos. Estamos en 4000 millones, pero la situación no ha cambiado hasta ahora. Para que haya desarrollo, este tiene que ser endógeno, participativo e inclusivo. La población no puede participar porque no puede comunicarse con la gente indígena. Sin comunicación, no hay desarrollo, y la lengua es el meollo del asunto. No podemos educar a la gente solo en francés y olvidarnos de las lenguas africanas.

FJ: Volviendo a la educación bilingüe, ¿hay ejemplos de experimentos en instituciones? ¿Hay esperanza para este país?

MD: Por supuesto que hay esperanza. Bueno, yo diría que sí y no. Hay esperanza porque desde la independencia no hemos dejado de experimentar. A finales de los setenta y durante los ochenta, cuando los servidores civiles franceses estuvieron aquí y se dieron cuenta de que sin la lengua materna sería imposible enseñar francés o cualquier otra lengua de inmediato, establecieron el Centro de lingüística aplicada de Dakar. Hicieron los primeros experimentos con clases ordinarias y por televisión.

Esto dio lugar a los Estados Generales con ideas de la izquierda y el método llegó a su fin. De 2002 a 2010 hubo otro experimento. Se concluyó, hicimos una evaluación y los resultados fueron buenos, pero no se pudo continuar ni volver a aplicar porque había sido financiado por el banco, no por el Estado de Senegal. Luego les permitieron a las ONG intentarlo, todo mundo trató por su lado, ARED tuvo muy buenos resultados en todos los frentes. La formación para los maestros fue buena.

FJ: ¿Cuál es el nombre de la asociación? ¿ARED?

MD: Sí, ARED, Associates for Research, Education...

FJ: ¿Y Development?

MD: Sí, la D es de Development. Carol y yo hicimos la evaluación.

FJ: ¿Se refiere a Carol Nelson de Columbia University?

MD: Correcto. Ella era la experta extranjera y yo el experto nacional. Teníamos un equipo, evaluamos todas las clases de la ARED, fue extraordinario. Pasamos por todos los aspectos: entrenamiento, material didáctico, participación de los padres, poblaciones, comunicación, todo. Pero como el proyecto fue financiado por una ONG, Dubai Care, tuvimos que parar cuando dejaron de financiarlo.

FJ: Porque ellos solo financian tres años y luego se acaba el financiamiento.

MD: Sí, tres años.

FJ: Entonces, ¿el experimento fue exitoso?

MD: Sí. La ALP tuvo varios miles de millones y enviaron el proyecto a la ARED, mientras el gobierno realizaba otro experimento con la OIF, Organisation International de la Francophonie, escuelas y lengua. Pero ese proyecto no arrojó ningún resultado. Tuvieron que armonizar el modelo bilingüe aplicado en Senegal. Organizaron seminarios muy largos, tuvieron que adaptar la escala y multiplicar el número de casos, pero hasta ahora, siento que no pasó nada. La ALP llegó de manera apresurada e impuso la lectura en la lengua nacional para recuperar a todos los maestros que la ARED podría entrenar, pero la gente dijo que no fue un buen proyecto.

Aquí, en África, si se sabe que hay dinero de por medio, la gente quiere financiamiento, pero en mi opinión, eso no garantiza la calidad. Es esencial que cualquier cosa que se aprenda en la lengua original se transfiera a la segunda. De otra manera, la gente tendrá problemas. ¿Cómo se puede enseñar en wólof tras haber cambiado al francés sin tener ninguna conexión o puente? No, eso no funciona, a mí no me gustaría trabajar en este proyecto precisamente por eso. Desde mi perspectiva, lo más importante para este proyecto no es mi país.

FJ: ¿Y cuál sería su visión ideal?

MD: Lo ideal sería entrar de manera directa a la educación bilingüe, ya sea diferida o simultánea. Eso depende de la opción, pero yo no puedo elegir. Ambas lenguas pueden encontrarse en el salón de clases, la lengua original del niño y, ahora que el francés es un patrimonio nacional, no deberíamos deshacernos de él. Pero eso solo sería para la escuela primaria.

FJ: Correcto, programas en wólof y francés, ¿o tal vez en otras lenguas?

MD: Sí. En la escuela secundaria se podría implementar la lengua nacional como segunda lengua, como el inglés o el español, y continuar con el francés. Pero para llegar ahí en cincuenta años, tenemos que prepararnos, enseñar en la lengua nacional, ya sea como la lengua para el aprendizaje o no, incluso si hay francés en el salón de clase como objeto de enseñanza. Eso sería lo ideal.

FJ: ¿Dijo cincuenta años? ¿No podría ser antes?

MD: No, porque no se está haciendo nada ahora que me muestre, desde la perspectiva política, que podría lograrse en menos tiempo. Hace poco escribí un artículo que será publicado en la revista del Departamento de historia. En él trato de mostrar la visión de quienes tienen una percepción negativa de la planeación, de la introducción de la lengua en el sector oficial. Encontré ocho puntos, ocho tipos de percepción. Algunas personas han trabajado en todo el mundo enfocándose en la percepción de la gente, así como en sus argumentos. El objetivo es mostrar que enseñar una lengua minoritaria es una u otra cosa. Algunos encontraron catorce puntos, pero mis ocho puntos dependen del contexto africano. Yo muestro que compartimos ideas, pero hay una singularidad africana porque todos los países colonizados por una lengua extranjera tienen un contexto distinto. La percepción es un poco diferente de la que se podría tener en Estados Unidos, por ejemplo, donde hay minorías como los mexicanos, pero no es lo mismo.

FJ: Y de los ocho puntos que encontró, el que le inquieta es…

MD: El punto que me inquieta respecto a lo que es posible para el francés es que hay gente que me dice que Francia no aceptará que las lenguas nacionales se vuelvan lenguas oficiales al lado del…

FJ: Quienes dicen eso, ¿son senegaleses?

MD: Son intelectuales.

FJ: ¿De Senegal?

MD: Principalmente, es gente que estudió en escuelas francesas, que tiene puestos gracias a su educación francesa. Profesores universitarios.

FJ: Y, finalmente, dicen que…

MD: Que Francia no nos permitirá hacer eso. Tienen miedo.

FJ: ¿Es un miedo infundado?

MD: En mi opinión, no, porque Francia es un país que tiene intereses y creo que es justo que trate de desarrollarlos en todo el mundo. Sin embargo, también necesitamos saber que somos un país, un pueblo. Debemos tener nuestros propios intereses y luchar por ellos. Pero quien debe luchar es la gente, ¿correcto?

FJ: ¿Se necesita una revolución bilingüe?

MD: Sí, exacto, una revolución bilingüe. No veo la manera en que África podría desarrollarse sin una. Eso es seguro. La lengua va de la mano con la expansión política y económica, y eso se puede verificar durante la colonización. Francia quiere que la lengua francesa haga el trabajo. Establecieron escuelas e iglesias para permitir que ganara terreno. Si solo hubieran sido armas, habrían fallado, pero lo que hicieron fue educar a las élites africanas, empezando por los hijos del rey, los emperadores. Llegaron con una cultura francesa y la gente empezó a copiarlos. Esto ayudó a que la transición fuera más sutil.

FJ: ¿Debería revertirse? Porque eso es lo que es una revolución, un cambio en la manera en que se hacen las cosas.

MD: Exacto. La base del desarrollo debe de cimentarse con la lengua del país. Las bases están bien establecidas ahora. La gente tiene una cultura bien implementada, es la fuente de todos los valores que buscamos: patriotismo, amor por el trabajo y todo eso.

Reflexión sobre la alegría
de aprender una lengua

Ya sea en el hogar o en la escuela, aprender una lengua o idioma debe ser una experiencia gozosa. Para tener éxito en el aprendizaje bilingüe, lo mejor es adaptarnos a los gustos e intereses de nuestros hijos. En el salón de clases, la enseñanza puede aprovechar el juego y combinar la diversión con el aprendizaje para captar la atención de los estudiantes. Esto contribuye a la contextualización de la lengua y le muestra al niño el uso concreto de esta, tarea para la cual, la infinidad de contenidos que nos ofrecen las nuevas tecnologías y el Internet resulta invaluable. Los juegos siempre son una excelente manera de involucrar a los niños y hacerlos participar de manera lúdica.

Nosotros, como padres, necesitamos hacer que el aprendizaje en casa sea divertido. A veces las familias no tienen éxito en la práctica de la lengua porque hacen demasiado énfasis en la lectura, la escritura, el deletreo y la gramática, como si los niños estuvieran todavía en clase. Algunos padres no organizan visitas divertidas al acuario, por ejemplo, lugar donde podrían hablar en la segunda lengua sobre la vida marina que observan, o a un museo de historia natural, donde podrían ver los dinosaurios y otras piezas de exhibición como una oportunidad interesante para la práctica lingüística.

En resumen, las familias deberían propiciar situaciones en que sus niños se diviertan, deseen aprender de manera orgánica y adquirir más habilidades en su lengua materna. La falta de experiencias de aprendizaje en el mundo real a veces genera tensión. Recuerda que, como una lengua o idioma se aprende mejor a través de la interacción, la participación es esencial. Solo dejar que los niños vean caricaturas, por ejemplo, no será suficiente para que dominen la lengua porque, en este caso, solo se activa la comprensión auditiva y no hay nada que les exija producir contenido.

En cambio, cuando las familias ven videos en la lengua objetivo y luego hacen preguntas e interactúan, los niños aprenden a expresarse con más facilidad. También es importante que sepas que, independientemente de si hablan sus distintas lenguas por separado o en una mezcla intermedia, los niños deben disfrutar la experiencia. Debemos dejarlos jugar y divertirse con la lengua porque, si somos demasiado estrictos y decimos: «No, no mezcles las palabras, no hables así», hablar y aprender será estresante.

Otra actividad que podría ser problemática es la lectura. Nuestros hijos podrían, por ejemplo, decidir que no leerán en su segunda lengua a pesar de nuestra insistencia. Pero aceptémoslo: a veces no están dispuestos a leer ¡ni siquiera en su primera lengua! Cuando surjan este tipo de protestas, debemos respirar, contar hasta diez y cambiar nuestro método.

En lugar de obligarlos a leer contenido específico (no lo niegues, ¡todos desearíamos que leyeran a Shakespeare, Cervantes o Víctor Hugo antes de cumplir siete años!), podemos ayudarles a descubrir libros que coincidan con su gusto por el momento, como libros de ciencia ficción, leyendas, fantasía o novelas de detectives.

Incluso mejor: podemos buscar textos canónicos en adaptaciones infantiles. Muchos editores ofrecen este tipo de libros, así que les puedes regalar a tus hijos bonitas versiones de *Twelfth Night*, *Don Quijote de la Mancha* o *Les Misérables*. Con esta solución, ¡todos ganan! Asimismo, no olvides que los niños más pequeños disfrutan de que sus padres les lean y les encanta pasar tiempo con ellos, así que aprovechemos esta oportunidad para leerles textos que les ayudarán a apreciar la ciencia, la historia, la cultura.

Hoy en día hay libros para todas las edades y gustos, y también hay ediciones bilingües que podrían ayudarles a nuestros niños a aprender las sutilezas y complejidades de cada lengua. Creo que te gustaría echarle un vistazo a la variedad de excelentes libros para niños que CALEC ha publicado y traducido para ayudar a los padres a abordar la lectura con sus hijos en una o varias lenguas.

Como lo discutimos con algunos de nuestros expertos, uno se puede volver bilingüe a cualquier edad, así que, ¿por qué no intentarlo? Los adolescentes, así como los jóvenes adultos y los mayores, tienen acceso a muchos recursos hoy en día. Hay todo tipo de aplicaciones que se pueden descargar con facilidad para aprender lenguas e idiomas, y la mayoría ofrece una versión gratuita que te permite probarla y ver si el sistema te funciona. También hay plataformas, maestros particulares, y cursos y talleres de conversación en las universidades y asociaciones. Las opciones son infinitas y útiles para la gente que desea aprender como parte de un grupo, pero también para quienes prefieren intentar ser autodidactas como un primer paso.

Tampoco descartes las estrategias menos ortodoxas. Muchas personas se han enamorado de una lengua porque en una ocasión vieron una película extranjera o escucharon una canción cuya letra no entendieron, pero les intrigó, y eso las hizo saltar de manera directa al aprendizaje.

Incluso puedes tener experiencias divertidas de aprendizaje para toda la familia relacionadas con algo que disfrutan hacer juntos, como cocinar. Hace poco, una amiga mía se inscribió en un *atelier de pâtisserie* en París para hornear *macaron* y practicar su francés con su hija, y cuando llegaron ahí, se dieron cuenta de que había otras dos familias, una alemana y la otra mexicano-estadounidense, ¡haciendo lo mismo!

Por último, aunque no menos importante, piensa en viajar y ser un poco más atrevido o atrevida en cuanto a los lugares que visites como turista con tu familia, o donde desees continuar tus estudios. Prepárate para resolver cualquier problema eventual a pesar de tu nivel de dominio del idioma para poder sentirte seguro, y luego permítete esta experiencia inmersiva. Los hablantes de una lengua romance como el italiano, por ejemplo, podrían disfrutar y sentirse cómodos visitando países donde se hablen lenguas de esta familia, como Francia, España, Portugal o las muchas opciones que ofrece Latinoamérica.

Como puedes ver, este es un proceso de dos vías: sumergirse en una cultura distinta te puede ayudar a aprender una lengua más rápido y, por otra parte, adquirir dominio en la lengua te permite apreciar de manera más profunda la cultura, pero sobre todo a su gente, lo cual te brinda una perspectiva diferente del mundo.

Lecciones de *La revolución bilingüe*

En el libro *La revolución bilingüe* documenté la manera en que, lo que hace veinte años empezó como un grupo de padres en Nueva York se convirtió en un movimiento en el que han participado individuos de orígenes étnicos y lingüísticos variados y de todas las condiciones sociales posibles. *La revolución bilingüe* fue concebida como un libro escrito por los padres para los padres, así que, aunque su propósito era responder a preguntas difíciles, es bastante sencillo de leer.

Algunas de las preguntas a las que dio respuesta el libro son: ¿Cómo se inicia un programa dual de lengua? ¿Cómo pueden organizarse los padres? ¿Por dónde empezamos? ¿Qué tipo de información necesitas reunir para convencer a la gente? ¿Cómo encontrar la escuela adecuada? ¿Cómo acercarse al director de la escuela? ¿Dónde se pueden encontrar maestros? ¿Dónde buscar financiamiento?

Como los padres no dejaban de hacer estas preguntas, pensé: *De acuerdo, voy a escribir todo eso y a encontrar la manera de publicarlo y ponerlo a disposición de todos los grupos lingüísticos que me sea posible.*

Luego el libro estuvo disponible en once idiomas y ahora se lee en varios países. Desencadenó conversaciones en comunidades que buscaban maneras de establecer programas bilingües o trilingües en sus sistemas escolares. El libro abordó más preguntas de las que yo había planeado, y eso condujo a la creación en Nueva York del Center for the Advancement of Languages, Education, and Communities, cuya misión principal es empoderar a las sociedades multilingües.

Gracias a las experiencias que tuve con los padres y maestros mientras escribía *La revolución bilingüe*, comprendí lo importante que era proveerles información científica y académica que pudieran comprender con facilidad y aplicar. A través del programa editorial TBR Books de CALEC hemos publicado el trabajo de investigadores y practicantes que desean involucrar a distintas comunidades en los temas que nos interesan y, con suerte, publicaremos muchos libros más en el futuro.

El libro *La revolución bilingüe* se ha convertido en una herramienta para apoyar a las comunidades lingüísticas proveyéndoles fuentes de información y un plan de trabajo para la creación de los programas duales de lengua. Los ejemplos provistos en el libro tienen lugar en Nueva York por muy buenas razones.

Como la mitad de la población habla en casa otro idioma que no es el inglés, esta ciudad es como un microcosmos del mundo, un crisol que provee el contexto ideal para entender los fenómenos bilingües y multilingües.

Nueva York se convirtió en la cuna de la Revolución bilingüe de Estados Unidos debido a que aquí hay más de 100 000 niños inscritos en 200 programas que se ofrecen en español, mandarín, francés, árabe, alemán, criollo, italiano, japonés, ruso, bengalí, polaco, urdu, coreano y hebreo.

Aunque el movimiento empezó en esta ciudad, me sorprendió descubrir que, casi de inmediato, los lineamientos inspiraron a maestros y padres a implementarlo en todos lados, incluso en lugares como Perú, donde encontré gente que quería establecer programas duales de lengua en quechua y español. Por ello, una de las lecciones aprendidas es que, tras realizar una adaptación adecuada, este procedimiento se puede aplicar en todas las escuelas, ciudades y países.

A lo largo de los años, promover el bilingüismo me ha permitido hablar con gente que está a favor y gente que está en contra de la educación bilingüe. En Estados Unidos a menudo se es testigo de reacciones agresivas ante las lenguas que hablan los inmigrantes. Incluso hay un movimiento denominado «*English-only*» que desde la década de los noventa ha influido en muchos miembros del Congreso para que apoyen políticas cuyo objetivo es que se enseñe inglés de manera exclusiva. Este rechazo también se puede ver en otros países donde el bilingüismo y el multilingüismo no son una prioridad o simplemente no son valorados.

Para una familia inmigrante que ya tiene que lidiar con el calvario administrativo y el choque cultural, que sus niños sean rechazados en la escuela puede ser muy traumático. Esta es la razón por la que algunos tienen miedo de hablar de sus orígenes y de su país natal, e incluso de presentarse. Pero la verdad es que saber más de una lengua nos une.

Estar al servicio de la Revolución bilingüe me hizo comprender que muchas lenguas, en especial las que hablan los inmigrantes, con frecuencia se desperdician y olvidan. Como lo discutimos en la introducción, muchos padres eligen no transmitir su lengua a sus niños por varias razones, pero esto tiene una consecuencia: se pierde un lazo, no solo con la lengua, sino con la cultura del país natal. Esta ruptura les impide a los niños sostener conversaciones significativas con sus abuelos. Hay incluso historias de familias que no se pueden comunicar con claridad porque el niño solo habla inglés y los abuelos solo hablan su lengua materna.

La idea central de la Revolución bilingüe y las iniciativas que desea inspirar son universales: queremos preservar nuestra herencia lingüística. Siempre apoyaré el esfuerzo de los padres y maestros interesados en implementar programas bilingües y fortalecer la educación multilingüe porque sé que enfrentan una adversidad feroz, pero también porque soy padre de familia.

Muchos de los que venimos de otros países deseamos conservar nuestra herencia lingüística. Queremos que nuestros hijos puedan comunicarse con nosotros y nuestros padres, queremos entender nuestra identidad y la de ellos. Queremos que nuestros hijos sean *nuestros* hijos, y ese es un sentimiento muy profundo. Alguien escribió un libro sobre niños que no hablaban la lengua de sus padres, el título era algo así como *The Strangers Who Live with Me* (*Los desconocidos que viven conmigo*).

Tal vez no sea el título exacto, pero representa la idea de que, si permitimos que nuestros hijos pierdan la lengua, *nosotros* perderemos el vínculo con ellos, lo cual es muy difícil de recuperar. Por otra parte, algunos niños culparán a sus padres más adelante y les dirán: «No hiciste nada para que yo conservara mi lengua», y eso puedo causar mucho arrepentimiento.

Cuando hablamos sobre la educación bilingüe, siempre hay mucha emoción en los recintos, también muchas historias personales. En *La revolución bilingüe* tenemos anécdotas de grupos lingüísticos muy disímiles, alemán, japonés, polaco, ruso, italiano, chino, francés, árabe; pero lo que tienen en común es que son las anécdotas de padres que trataron de establecer programas duales de lengua en sus escuelas. Algunos tienen éxito, otros fracasan, pero luego vuelven a intentarlo.

Esta es, quizá, la lección más importante que he aprendido de la Revolución bilingüe: lo que estamos tratando de proteger es invaluable y, por lo tanto, de ninguna manera nos permitiremos ser derrotados.

Conclusión

Nuestros expertos tienen una opinión unánime respecto a los beneficios del bilingüismo y nos han ofrecido distintas herramientas y métodos para lograrlo. Los estudios a los que hicieron referencia muestran las muchas ventajas del bilingüismo. Como se menciona en *La revolución bilingüe*, Nueva York ha demostrado que valora su multilingüismo y su diversidad cultural, y gracias a eso han surgido programas bilingües en todos lados. Como era de esperarse, los beneficios cognitivos, académicos, sociales, personales y profesionales han servido para incrementar el interés de los padres. En Nueva York, el bilingüismo, el biculturalismo y el multiculturalismo son considerados en la actualidad un tesoro, no solo por sus virtudes culturales, sino también por su capacidad de producir «ciudadanos del mundo». No debería quedar duda: la educación bilingüe es esencial y todos los niños deberían tener acceso a ella.

Francia podría inspirarse en este ejemplo y superar sus temores respecto a la educación bilingüe. Para algunos, cederle el paso al multilingüismo significaría poner en peligro la fuerte presencia internacional de la lengua francesa, la cual es en la actualidad la quinta más hablada en el mundo. Desde la perspectiva de las autoridades, si los ciudadanos franceses aprendieran nuevas lenguas en Francia, los extranjeros ya no tendrían una razón para aprender francés porque podrían comunicarse con los francófonos en otra lengua o idioma, sobre todo en inglés. En resumen, el temor principal es cederle el paso al hegemónico inglés, un idioma que ya es el lenguaje del comercio y la ciencia.

No obstante, debemos deshacernos de estas ideas preconcebidas y reconocer que la salvación de Francia y la sostenibilidad de su presencia internacional solo podrá garantizarse si se adapta al mundo globalizado y, por lo tanto, al multilingüismo. Ya no podemos seguir teniendo discusiones internacionales y fingiendo que ejercemos influencia hablando solo nuestra lengua.

La reputación de los franceses se ve afectada porque se niegan a hablar inglés y con frecuencia pierden oportunidades de negocios debido a estos errores. Esto se hace evidente en el mundo de los negocios internacionales, pero es mucho más preocupante en una escala menor: la de la Unión Europea.

Esta entidad política trata de ser inclusiva y representar la vasta diversidad cultural de los pueblos que la componen, y, al mismo tiempo, trabaja para unir a estas poblaciones y promover la unidad y la identidad de una Europa aliada. La Unión Europea ha adoptado y alentado el multilingüismo como valor fundamental y con frecuencia se refiere a él con la expresión «*Native language +2*» en las escuelas y a través de Erasmus, el programa de movilidad académica para estudiantes universitarios más respetado. ¿Cómo se puede compartir la misma ciudadanía con nuestros vecinos si no contamos con lenguas comunes que nos permitan comunicarnos con ellos?

Al miedo al multilingüismo lo acompañan las preocupaciones nacionales. Desde hace mucho tiempo, el dominio de la lengua francesa ha sido visto como una garantía de la integración exitosa de las poblaciones inmigrantes a la sociedad francesa, por eso es comprensible que, frente a un país cada vez más diverso, algunos esperen que la lengua garantice la sostenibilidad y la adherencia a la identidad y la cultura francesas.

El monolingüismo también garantizaría un dominio importante de la lengua nacional por parte de todos los ciudadanos franceses, razón por la que la idea de introducir una segunda lengua demasiado pronto es considerada una amenaza que podría interrumpir el aprendizaje de los niños y desviarlos de los fundamentos de su lengua materna.

Sin embargo, como nos han mostrado las conversaciones en este libro, ¿no sería el bilingüismo la mejor solución para ayudar a nuestros niños a tener más confianza en sus capacidades y ser más tolerantes con otros? ¿No nos ayudaría a formar una sociedad más unida y hospitalaria?

Valorar las lenguas de manera equitativa implica aceptar que entre ellas no hay jerarquía, que los estereotipos que rodean a algunas son solo eso, estereotipos, y que todas merecen ser aprendidas y practicadas.

Valorar las lenguas de manera equitativa también tiene que ver con la construcción de puentes y con la empatía entre los ciudadanos a través del descubrimiento de otras culturas y el apreció de la diversidad. La justicia social y la necesidad de darles a todos las mismas oportunidades de éxito son la base de los debates en Francia, pero la evidencia muestra que a un niño inmigrante que ha tenido la oportunidad de dominar su lengua materna en una etapa temprana, le será más fácil aprender francés. Un niño que también tiene un buen conocimiento y una imagen positiva de su cultura de origen tendrá más confianza en sí mismo y en sus habilidades: algo fundamental para el éxito académico y profesional. Entonces, ¿por qué continuar privando a tantos niños de esta oportunidad?

A pesar de que en años recientes Francia ha avanzado mucho en esta área, todavía queda mucho por hacer. Hemos visto que la Opción internacional del bachillerato (*Option international du baccalauréat*, OIB) se fortalece gracias a que su programa conduce a un diploma bilingüe y, con frecuencia, binacional. Pero a pesar de ser el programa bilingüe más avanzado que existe, sus clases en segunda lengua suelen impartirse solo nueve horas por semana, incluyendo tres de historia, geografía o matemáticas, y seis de literatura. Para colmo, este entrenamiento «avanzado» en segunda lengua solo está disponible para una cantidad mínima de estudiantes.

Hoy en día es esencial que los programas como este sean más accesibles y adaptarlos al nivel de la infancia temprana. Los únicos programas bilingües que están en vigor son los diseñados para las lenguas regionales en vías de extinción y continúan existiendo gracias al «Acta constitutiva para las lenguas regionales o minoritarias» de 1992 de la Unión Europea, la cual estimuló las políticas públicas nacionales en favor de la preservación de las lenguas locales y en peligro de Francia.

Asimismo, el 12 de septiembre de 2018 se publicó un reporte ministerial intitulado «Proposal for a better mastery of modern foreign languages: daring to face the new world» (Propuesta para un mejor dominio de las lenguas extranjeras modernas: atreverse a enfrentar al nuevo mundo). Esta propuesta tenía como objetivo estimular el aprendizaje de lenguas extranjeras en las escuelas públicas, pero, sorprendentemente, no incluye la implementación de enseñanza bilingüe en dos lenguas.

En Francia, quienes defienden y promueven la educación bilingüe son principalmente *des bénévoles* (voluntarios). Parte de su trabajo consiste en estimular la movilización de los padres y las escuelas, así como la implementación de talleres extracurriculares para que los niños aprendan y practiquen una segunda lengua. Sin embargo, las cosas no pueden continuar así. Es necesario y urgente que haya una visión política y estratégica para la educación multilingüe. Debemos transformar la mentalidad, no solo de quienes crean las políticas, sino de toda la sociedad, y hacer que todos reconozcan los beneficios de los programas multilingües.

Este problema adquiere una nueva dimensión en los países que antes fueron colonizados, en los que las lenguas nativas, las identidades culturales y las herencias se encuentran en peligro de manera permanente. A pesar de que podríamos tomar numerosos ejemplos del fenómeno histórico de la colonización, me gustaría enfocarme en el antiguo imperio colonial francés, en el que la educación se ofrecía casi siempre en francés de manera exclusiva, en severo detrimento de las lenguas nacionales.

Esta es la razón por la que en muchos países africanos hay una necesidad urgente de implementar una estrategia de educación bilingüe que proteja la herencia lingüística y, al mismo tiempo, que apoye el desarrollo político, económico y cultural. Senegal, por ejemplo, tiene veintidós lenguas nacionales, pero el único vehículo de enseñanza es el francés, en tanto que el wólof, una de las lenguas más habladas en el país, con frecuencia se prohibe en la escuela.

Como lo discutí con el profesor Mbacké Diagne, los niños tienen una experiencia traumática en cuanto inician su primer año y se ven forzados a aprender todo en una lengua que no practican en casa ni en ningún lugar fuera del salón de clases.

La escuela no es solo monolingüe, también es monocultural y traumática. Como el contenido de los cursos sigue formando parte de un programa occidental, los estudiantes leen respecto a los pinos y los abetos, y los libros no mencionan los árboles característicos de Senegal.

Esta disparidad entre el contenido educativo y la realidad inmediata de los estudiantes representa un retraso para su educación y sus oportunidades de éxito académico. Es imperativo ofrecerles a los niños senegaleses educación bilingüe que tome en cuenta tanto el francés como sus propias lenguas para garantizarles referencias culturales y lingüísticas adecuadas. ¿Cómo puede desarrollarse un país y escribir su futuro si no conoce sus raíces?

Sin duda, en este momento sería peligroso tratar de suprimir la lengua francesa de la educación senegalesa porque ya forma parte del patrimonio nacional y representa una verdadera ventaja para que los estudiantes se conecten con otros hablantes del francés en el mundo. Tal vez deberíamos reflexionar sobre las palabras del autor, economista y académico senegalés Felwine Sarr, quien publicó un ensayo sobre la renovación del continente africano.

De acuerdo con Sarr, «La lengua debería ser un espacio para el diálogo, el intercambio y una mutualidad fructífera. Actualmente hay más de doscientos millones de francófonos en todo el mundo y la gran mayoría son africanos. El francés es una lengua que llegó con una historia colonial y su violencia inherente, pero siglo y medio después, me digo a mí mismo que deberíamos apreciarlo como una de nuestras lenguas. Debe convertirse en una de las lenguas de África, aunque no sea una lengua africana en origen».

Los países africanos francófonos como Senegal se beneficiarían mucho con una educación bilingüe que tome en cuenta tanto las lenguas originales como el francés. Esto les permitiría abrirse al mundo y tener una lengua nacional común para todos los grupos étnicos del país, pero también promover sus lenguas locales como el valiosísimo patrimonio nacional que representan.

Si el francés tiene que continuar siendo la lengua central en esos países africanos, las estrategias bilingües que se implementen deberán beneficiar a los estudiantes y proveerles herramientas para desarrollar su potencial con orgullo y respeto por su identidad doble como hablantes del francés y de sus respectivas lenguas maternas.

Volver a introducir las lenguas nativas en el sistema escolar, ya sea en Estados Unidos, Francia, Senegal o cualquier otro país, es un paso esencial para promover el desarrollo inclusivo, endógeno y participativo. Sin embargo, «desarrollo» continuará siendo una palabra vacía si solo pensamos en ella desde la perspectiva económica o política. Necesitamos volver a la etimología, a las raíces de esta palabra, y asegurarnos de honrar su significado: desplegarse y evolucionar. Volvamos a reflexionar sobre este tema. Todo esto tiene que ver con nuestros niños, con las generaciones de jóvenes. ¿Tendrán la oportunidad de crecer y transformar? ¿Tendrán lo necesario para que su mente y sus ideas evolucionen? ¿Cómo se desplegará la vida para ellos?

Las desigualdades que nuestros niños tendrán que enfrentar en este mundo son muchas, demasiado complejas y malignas para hacerles cara sin las herramientas adecuadas. Por eso es necesaria una revolución bilingüe, para la justicia social y la paz. Es un camino largo, pero debemos recorrerlo y debemos hacerlo juntos. Empecemos por conocernos los unos a los otros, por amplificar nuestra perspectiva. Como Aimé Césaire escribió: «Las lenguas y las palabras son armas milagrosas. Entre más conocemos, más mundos y universos poseemos».

TBR BOOKS

a program of CALEC

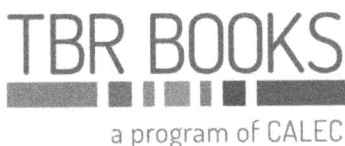

TBR Books es un programa del Center for the Advancement of Languages, Education, and Communities. Publicamos el trabajo de investigadores y profesionales que desean involucrar a distintas comunidades en temas relacionados con la educación, los idiomas, la historia cultural y las iniciativas sociales. Con el objetivo de extender aún más nuestro impacto, traducimos nuestros libros a varios idiomas.

Peshtigo 1871 de Charles Mercier

The Word of the Month de Ben Lévy, Jim Sheppard, Andrew Arnon

Navigating Dual Immersion: A Teacher's Companion for the School Year and Beyond de Valerie Sun

One Good Question: How to Ask Challenging Questions that Lead You to Real Solutions de Rhonda Broussard

Bilingual Children: Families, Education, and Development de Ellen Bialystok

Can We Agree to Disagree? de Sabine Landolt y Agathe Laurent

Salsa Dancing in Gym Shoes de Tammy Oberg de la Garza y Alyson Leah Lavigne

The Clarks of Willsborough Point de Darcey Hale

The English Patchwork de Pedro Tozzi y Giovanna de Lima

Two Centuries of French Education in New York de Jane Flatau Ross

The Bilingual Revolution: The Future of Education is in Two Languages de Fabrice Jaumont

Deux siècles d'enseignement français à New York : le rôle des écoles dans la diplomatie culturelle de Jane Flatau Ross

Sénégalais de l'étranger de Maya Smith

Le projet Colibri : créer à partir de "rien" de Vickie Frémont

Pareils mais différents de Sabine Landolt y Agathe Laurent

Le don des langues de Fabrice Jaumont y Kathleen Stein-Smith

French All round Us de Fabrice Jaumont

LIBROS PARA NIÑOS (disponibles en varias lenguas e idiomas)

Rainbows, Masks, and Ice Cream de Deana Sobel Lederman

Korean Super New Years with Grandma de Mary Chi-Whi Kim y Eunjoo Feaster

Maths for All de Mark Hansen

Rose Alone de Sheila Decosse

Uncle Steve's Country Home; The Blue Dress; The Good, the Ugly, and the Great de Teboho Moja

Immunity Fun!; Respiration Fun!; Digestive Fun! De Dounia Stewart-McMeel

Marimba de Christine Hélot, Patricia Velasco, Antun Kojton

Nuestros libros están disponibles en formato de libro de bolsillo y libro electrónico en nuestro sitio web y en las principales librerías en línea. Algunos han sido traducidos a más de diez idiomas. Para obtener una lista de todos los títulos publicados por TBR Books, información sobre nuestras series, o para conocer nuestras directrices de presentación para autores, visite nuestro sitio web en:

www.tbr-books.org

Ca_leC

El Center for the Advancement of Languages, Education and Communities es una organización sin fines de lucro enfocada en promover el multilingüismo, empoderar a las familias multilingües y fomentar el entendimiento multicultural. La misión de CALEC coincide con los Objetivos de Desarrollo Sostenible de las Naciones Unidas. Nuestra misión es establecer la lengua como una habilidad crucial para la vida a través del desarrollo e implementación de programas educativos bilingües, promoción de la diversidad, reducción de la desigualdad y apoyo para proveer educación de calidad. Nuestros programas tratan de proteger la herencia cultural del mundo y ayudar a maestros, autores y familias proveyéndoles el conocimiento y los recursos necesarios para crear dinámicas comunidades multilingües.

El propósito y los objetivos específicos de nuestra organización son:

- Desarrollar e implementar programas educativos que promuevan el multilingüismo y el entendimiento intercultural; establecer educación inclusiva y equitativa de calidad; ofrecer la posibilidad de realizar prácticas profesionales y recibir entrenamiento para el liderazgo. [ODS #4, Educación de calidad]

- Publicar y distribuir recursos como investigaciones, libros y casos de estudio que buscan empoderar y promover la inclusión social, económica y política de todos, con un enfoque particular en la enseñanza de las lenguas y en la diversidad cultural, la igualdad y la inclusión. [ODS #10, Reducción de las desigualdades]

- Ayudar a construir ciudades y comunidades sostenibles; apoyar a los maestros, autores, investigadores y familias en el avance del multilingüismo y el entendimiento intercultural a través de herramientas colaborativas para las comunidades lingüísticas. [ODS #11, Ciudades y comunidades sostenibles]
- Fomentar alianzas y colaboraciones internacionales sólidas, y movilizar recursos más allá de las fronteras para participar en eventos y actividades que promuevan la enseñanza de las lenguas a través del intercambio de conocimiento y de entrenamientos, del empoderamiento de los padres y maestros, y de la construcción de sociedades multilingües. [ODS #17, Alianzas para lograr los objetivos]

ALGUNAS BUENAS RAZONES PARA APOYARNOS

Su donación ayuda a:

- desarrollar nuestras actividades editoriales y de traducción para que haya más idiomas representados
- facilitar a guarderías, escuelas y centros culturales de zonas desfavorecidas, el acceso a nuestra plataforma de libros en línea
- apoyar acciones locales y sostenibles a favor de la educación y el multilingüismo
- poner en marcha proyectos que impulsen la educación en dos idiomas
- organizar talleres para padres, conferencias para el público en general, charlas para conocer al autor y charlas con expertos en multilingüismo

DONACIÓN EN LÍNEA

Si tiene alguna pregunta, por favor póngase en contacto con nuestro equipo por correo electrónico en contact@calec.org. Si desea hacer un donativo, visite nuestro sitio web:

www.calec.org